KB274392

평생 돈 걱정 없이 사는
월세 로봇 만들기

월급쟁이 부자는 없다 실전편
평생 돈 걱정 없이 사는 **월세 로봇 만들기**

초판 5쇄 발행 2020년 6월 26일

지은이 | 김수영

펴낸곳 | 보랏빛소
펴낸이 | 김철원

기획·편집 | 김이슬
마케팅·홍보 | 박소영
디자인 | 박영정

출판신고 | 2014년 11월 26일 제2015-000327호
주소 | 서울특별시 마포구 포은로 81-1 에스빌딩 201호
대표전화·팩시밀리 | 070-8668-8802 (F)02-338-8803
이메일 | boracow8800@gmail.com

평생 **돈 걱정** 없이 사는

월세 로봇 만들기

월급쟁이 부자는 없다
실전편

김수영(유비) 지음

보랏빛소
Borabit Cow

22세 대학생에서
젊은이들의 멘토로 우뚝 서다

2008년, Daum 카페 〈행복재테크〉라는 부동산 경·공매 커뮤니티를 개설했다. 그로부터 현재까지 10년 동안 카페를 운영하며 수많은 고수와 부자들이 탄생했고, 필자의 책과 강의를 통해 인연을 맺은 제자들 중에서 16名이 베스트셀러 저자가 되었다. 그중에서 가장 젊은 부자인 유비님과 처음으로 인연이 된 것은 2008년, 그가 22세 풋풋한 대학생이던 시절이다.

그는 당시의 어린 나이임에도 엄청난 양의 책을 탐독하며 투자의 본질에 관해 깨달았고, 23세라는 나이에 〈행복재테크〉의 칼럼니스트로 활동했다. 부동산과 투자에 관한 그의 칼럼을 읽고 많은 회원들이 공감했다. 그의 칼럼과 행동에서는 전혀 어린 나이의 청년이 보이지 않았다. 넘치는 열정과 패기가 돋보이는 그였다.

유비님을 보며 나이보다 더 중요한 것은 자신이 갖고 있는 생각과 목표이고, 그 목표를 이뤄내기 위한 실천력이라는 것을 다시 한 번 느꼈다. 그가 처음 나의 정규강의 1기를 수강하고 첫 낙찰을 받으며 경매투자자로 첫발을 내딛던 모습을 옆에서 생생하게 지켜봤기에, 현재의 자리에 우뚝 선 그가 더 대견해보인다. 아마 그가 비슷한 연령대의 누구보다 치열하게 젊은 시절을 보냈기에 이렇게 20대의 멘토로 우뚝 선 것이리라.

부자의 길로 접어들기 위한 필수적인 관문, **수익형 부동산!**

"안정적인 부동산 투자를 하고 싶고, 부자가 되려면, 우선적으로 일정한 현금흐름을 만들어야 한다."

항상 강의 때마다 내가 수강생들에게 일러주는 말이다. 부동산 투자로 큰 수익을 내기 위해서는 인내심과 기다림은 필수요소인데, 투자자가 매월 급여수준 이상의 현금흐름을 갖추게 된다면, 좋은 물건이 나올 때까지 느긋하게 기다릴 수 있고, 또한 매입한 물건을 원하는 가격 수준이 될 때까지 여유 있게 기다리며 매도할 수도 있게 된다.

따라서 부자가 되기 위해서는 일을 하지 않아도 돈이 들어오는 수익형 부동산은 필수라 할 수 있다. 유비님은 이런 현금흐름 시스템의 중요성을 일찍 깨닫고, 첫 낙찰물건인 빌라부터 남들처럼 매매차익을 남기며 바로 매도하지 않고, 월세가 나오는 물건으로 세팅하며 한 채씩 모아갔다. 시간이 지나면서 수익형 부동산을 집중적으로 공략하여 본인의 완성된 성과를 만들어내며, 이제는 〈젊은부자마을〉 회원들에게 일정한 현금흐름을 만들어준 장본인이기도 하다.

이 책에 담겨 있는 노하우를 자신의 것으로 만듦은 물론, 유비님의 사고와 행동을 자세히 분석해보길 바란다. 이 책은 당신이 부자로 가는 길에 좋은 이정표 역할을 해줄 것이다.

송희창

(주)케이알리츠 대표
송사무장의 경매의 기술, 실전경매, 공매의 기술 저자
Daum 카페 〈행복재테크〉 대표

'김수영'이라는 존재를 알게 된 건 2009년이었습니다. 유명한 인터넷 경매 카페에서 우연히 그의 칼럼을 읽게 되었습니다. 글쓴이는 당연히 내공이 상당한, 나이가 어느 정도 있는, 투자 고수일 거라고 생각했었습니다. 그만큼 그의 글에는 부동산을 대하는 경륜과 자신감이 충만해 있었거든요. 당시 그의 나이가 22살이라는 것을 지인을 통해 알게 되었을 때의 충격이란….

정말 놀라웠습니다. 우리가 일반적으로 알고 있는 22살의 젊은이는, 전적으로 부모님께 경제적으로 의지하며 지원을 받을 시기니까요. 경제적인 활동을 한다 하더라도 용돈벌이 수준의 아르바이트가 대부분일 것입니다. 하지만 그는 그 나이에 이미 부동산 부자였습니다. 그가 아주 젊은 나이에 부동산 부자가 되었다는 사실 하나만으로 이 책의 추천사를 쓰는 것은 절대 아닙니다. 그건 결국 한 사람의 자기 자랑밖에 되지 않기 때문입니다. 특정 개인의 성공담은 불특정 다수에게는 실현되지 않을 가능성이 훨씬 더 큽니다. 그래서 성공담만을 내용으로 한 책들은 경계해야 합니다.

유비 김수영의 세 번째 책인 《평생 돈 걱정 없이 사는 월세 로봇 만들기》를 추천하는 이유가 바로 여기에 있습니다. 이 책은 불필요한 자기 자랑 이야기가 배제된, 부동산 부자가 되는 노하우만을 아낌없이 제공한 책이기 때문입니다.

일반인들은 따라할 수조차 없는 화려한 경매 기술을 자랑한 책도 아닙니다. 단기간에 큰돈을 벌 수 있다는 허황된 희망고문을 시키는 책도 아닙니다. 소유 부동산의 개수를 강조하며 불필요하게 보유 개수만을 늘리자는 비효율적인 방법을 추천하는 책은 더더군다나 아닙니다. 부동산 사이클의 변화로 적용할 수 없는 타이밍에는 전혀 무용지물이 되는 책도 아닙니다. 언제 어디서든 활용 가능한, 그리고 특별한 사람들이 아니라 대한민국에서 일반적인 경제 활동을 하는 사람이라면 누구나 따라할 수 있는 손쉬운 월세 투자 방법을 소개하는 책입니다.

월세 부동산 투자가 절대 쉽지만은 않습니다. 하지만, 현실적으로 가능한 목표 부동산을 선정하고, 시행착오로 겪을 수 있을 만한 것들에 미리 대비할 수 있다면, 충분히 월세 부동산 투자에 대한 진입 장벽을 낮출 수 있습니다. 또한 목표 수익률을, 목표 수익액을 기대보다 조금만 낮출 수 있다면 의외로 쉽게 월세 세팅을 할 수 있습니다. 월세 투자의 가장 큰 장애물은 바로 단기간에 월세액을 확대하려는 욕심이기 때문입니다.

이 책은 월세 로봇 부동산을 세팅하기 위한 기본적인 마인드, 월세 로봇의 대상이 되는 부동산별 접근 방법과 주의할 점들, 그리고 이를 실전 사례로 접목시켜 월세 로봇을 만들 수 있는 가장 효과적인 방법을 소개하고 있습니다. 사실, 이 책의 목적은 여기까지입니다. '한 달에 딱 월세 100만 원'만 만들어보자는 것이죠. 현실적인 목표와 구체적인 방법을 제시했다는 것이 바로 이 책의 가장 큰 미덕이라고 생각합니다.

만약 이 책으로 월세 투자에 성공하는 분들은 틀림없이 300만 원, 500만 원 수익까지도 스스로의 노력으로 충분히 도달할 수 있을 것입니다. 부동산 투자자들의 로망인 '月 1000 그룹'의 멤버가 되는 것도 시간 문제겠지요.

유비 김수영의 '월세 100만 원 만들기 프로젝트'를 진심으로 응원합니다. 김수영의 세 번째 책《평생 돈 걱정 없이 사는 월세 로봇 만들기》는 그 역할을 톡톡히 해줄 것입니다.

김학렬(빠숑)
더리서치그룹 부동산조사연구소 소장
대한민국 부동산 투자 저자

이 땅의
모든
예비 '젊은 부자'들을
위하여

부동산 투자를 시작한 지 어느덧 11년이 되었고, 첫 책인《월급쟁이 부자는 없다》를 출간한 지 3년이 되었습니다. 음료수 캔 하나 살 때도 벌벌 떨며 가계부에 '600원'이라고 기록하던 초보 투자자 시절이 아직도 생생한데, 시간은 이토록 빨리 흘러가 버렸습니다.

그간의 치열함, 두려움 그리고 외로움은 결코 말로 표현할 수 없습니다. 갓 스무 살을 넘긴 애송이 시절부터 혼자서 지방을 오가며 임장(현장답사)을 다녔습니다. 허름한 모텔방에 투숙하며 밤새 수익률을 계산했고, 나이가 어리다는 이유로 온갖 무시와 눈총을 받으며 눈치를 보기도 했습니다. 명도와 수리, 계약과 협상 과정에서 겪은 거짓과 크고 작은 배신의 과정들은, 비교적 순탄하고 얌전한

학창시절을 보냈던 제겐 꽤나 큰 상처가 되기도 했습니다.

남들보다 10년, 어쩌면 20년이나 일찍 경제적 자유를 찾아 떠난 청년에게 세상은 "대견하다" "멋지다"라며 칭찬을 하는 듯했지만, 정작 링 위에서 돈과 돈의 당사자로 만난 순간 양보란 없었습니다. 가진 것 없이 오직 열정으로만 가득한 풋내기는 이용하기 손쉬운 먹잇감이었고, 지식적으로 조금만 부족한 점이 보이면 달려들어 속이려 했습니다. 그 누구에게도 속 시원히 고민을 토로할 수 없었고, 또래들과는 전혀 공감대를 형성할 수 없었으며, 어른들 사이에 끼자니 저는 까마득히 어렸습니다. 앞서 길을 개척하신 멘토들과 선배들의 모습을 보며 희망을 갖기도 했으나, 정신적 지주로 의지했던 몇몇이 보인 실망스러움은 좌절로 다가오기도 했습니다.

그 누구도 강요한 적 없는, 오로지 저 스스로의 선택에 의한 길이었기에 그에 대한 책임도 당연히 제가 지며 헤쳐 나가야 했습니다. 그래서 '책'을 참으로 많이도 찾았습니다. 끊임없이 책을 찾았습니다. 진짜 길을 알려주는 건 오직 책뿐이라고 믿었기 때문이죠. 누군가 한 번에 바른 길로 인도해주면 참 좋았겠지만, 혼자서 모든 것을 직접 부딪쳐가다 보니 적지 않은 시행착오와 헛발질을 겪어야만 했습니다. 물론 그 모든 실패의 과정들이 저를 성장시키는 자양분이 된 것은 부인할 수 없습니다. 스스로의 학습과 경험에만 의존하며 묵묵히 걷다 보니 어느덧 '스스로 생각하고 계획하는 습관'이 생겼습니다. 세상의 수많은 소음과 유혹에 흔들리지 않는 법을 배웠고, 본질과 곁가지를 빠르게 구분해내는 능력이 생겼습니다. 그어떤 권위자와 전문가가 말하더라도, 필터링을 거쳐 내 것으로 재해석하는 능력을 갖추게 되었습니다. 이처럼 '나 스스로 생각하는 법'을 배웠다는 것 자체는, 앞으로 남은 인생을 개척해가는 데 있어 두고두고 큰 역할을 하리라 봅니다.

양도세 중과와 종부세로도 부동산 시장을 때려잡지 못하고, 자고 일어나면 아파트 값이 1,000~2,000만 원은 우습게 오르던 시절을 생생히 목격했습니다. "아하, 돈은 저렇게 버는 거구나!" 하는 섣부른 확신이 들 때쯤, 듣도 보도 못한 미국발 대출상품 하나로 전 세계가 요동치는 모습을 보며, 또다시 의문과 두려움에 휩싸이기도 했습니다. 모든 것을 소진한 상태로 금융위기를 맞이하지 않았다는 건 지금 생각해도 행운이 아닐 수 없습니다.

그토록 부자가 되고자 하는 간절한 꿈으로 목마름이 턱 끝까지 차오를 때는 돈 1,000만 원 모으기가 그렇게 힘들더니, 경제적 자유의 문턱을 넘고 자산 사이즈가 커질수록 그 불어나는 속도가 더 빨라지는, 이 세상의 아이러니는 아직도 조금은 적응하기가 힘듭니다. 돈이 돈을 번다는 말이 옳았음을 실감합니다. 다만, 돈이 없다고 해서 또 돈을 못 버는 것도 아닙니다. 부지런히 몸을 굴리며 수백의 적은 돈이라도 계속해서 불리는 작업을 해줘야 합니다. 중요한 것은 지금 내가 할 수 없는 것이 있다고 투덜댈 것이 아니라, 할 수 있는 것에 집중하며 그 가능성의 씨앗을 키워가는 것입니다. 세 상은 늘 그런 마인드를 품은 사람이 바꿔 왔습니다.

두려웠습니다. 외로웠습니다. 하지만 잘 버텨왔고, 잘 해내온 듯 합니다. 그 치열함은 결국 제게 좋은 집, 좋은 차, 멋진 곳으로의 여 행, 경제적으로 여유로운 삶 등을 선사해주었습니다. 남들은 유치 하다 비웃을지 모르지만, 비교적 인생의 이른 시기에 이러한 것들 을 내 힘으로 일궈냈다는 점은, 스스로도 대견해하는 부분이자 자 부심이기도 합니다. 자본주의 사회에서 '경제적 자유'란 정말 중요 한 것이기 때문입니다.

일하고 싶을 때 일한다는 것, 언제든 떠나고 싶을 때 어디든 떠날 수 있다는 것, 돈에 내 인생을 팔지 않아도 된다는 것, 돈 때문에 누 군가에게 비굴하지 않아도 된다는 것, 소중한 내 인생과 사랑하는 나의 가족을 지킬 수 있다는 것… '경제적 자유'가 주는 선물은 일 일이 열거할 수 없습니다. 이는 부동산 투자와 월세 로봇(수익형 부 동산)이 제게 가져다준 선물입니다.

오랜 기간 고독한 부동산 투자자로서의 삶을 살던 제게《월급쟁 이 부자는 없다》의 출간은 세상에 본격적으로 얼굴을 내밀게 된 시 발점이었습니다. 이후 시작된 네이버 카페 〈젊은부자마을〉 운영자로서의 삶 역시 제겐 또 하나의 도전이자 인생의 두 번째 막을 올리는 순간이기도 했습니다.

3년 동안 《월급쟁이 부자는 없다》와 〈젊은부자마을〉을 통해 마인드가 획기적으로 바뀌고, 부동산 투자에 눈을 뜬 분들이 참 많습니다. 월급에만 의존하던 인생을 살던 분들이 자본주의 시스템과 부동산에 눈을 떠서 월세 로봇 1호기, 2호기를 늘려가고, 월세라는 것을 받기 시작하고, 이제는 초보 투자자가 아닌, 보다 수준 높은 투자자의 길을 걸어가시는 걸 보면, 개인적으로 참 놀랍기도 하고 뿌듯함을 느낍니다.

〈젊은부자마을〉을 통해 많은 분들을 만났고, 지금도 만나고 있습니다. 앞으로도 계속해서 많은 분들을 만나겠지요. 그래서 저 개인적으로는 남다른 사명감을 가지고 있습니다. 카페 이름처럼 정말 이 땅에 수많은 '젊은 부자'들을 만드는 데 적지 않은 역할을 하며 살고 있다고 생각합니다. 그래서 더더욱 무엇이든 대충 할 수가 없는 것입니다. 그렇게 성장하는 한 사람 한 사람이 또 누군가에게 좋은 영향을 미칠 테니 말입니다.

그런 마음을 담아 이 책을 썼습니다. 《월급쟁이 부자는 없다》의 실전편, 《평생 돈 걱정 없이 사는 월세 로봇 만들기》는 경제적 자유로서의 삶을 쟁취하도록 돕는 구체적인 방법론입니다. 비록 이 책에는 독자 여러분을 단숨에 부자로 만들어줄 비법 같은 것은 담겨 있지 않습니다. 하지만 여러분이 경제적으로 여유로운 인생, 오늘보다 좀 더 나은 인생, 나날이 윤택해질 인생을 꿈꾼다면 이 책이 정말 많은 도움이 되리라 생각합니다.

큰돈을 들이지 않고 월세 로봇을 만드는 법, 월세 로봇을 통해 월세 100만 원, 200만 원 이상을 만드는 법, 월세 로봇을 통해 경제적 자유를 누리는 법… 이 책은 그에 대한 이야기입니다.

돈 때문에 힘든 사람들, 돈으로 인해 슬픈 일을 당하는 사람들이 없어졌으면 좋겠습니다. 기왕이면 가급적 젊은 때에 더 많은 이들이 경제적으로 자유를 누릴 수 있었으면 좋겠습니다. 이 땅에 정말 많은 '젊은 부자'들이 탄생했으면 좋겠습니다. 이 험난한 대한민국 땅에서, 미래에는 좀 더 경제적으로 윤택한 인생을 누리는 이들이 많아졌으면 좋겠습니다. 부디 이 책을 통해 월세 로봇을 소유하고, 돈에 얽매이지 않는 진정한 경제적 자유를 누리시길 바랍니다.

김수영 (유비)

contents

Part 1.
나를 부자로 만들어주는 월세 로봇

Part 2.
월세 로봇, 어떻게 만들까

Part 3.
월세 로봇으로 한 달에 100만 원 월세 받기

1

나를 부자로 만들어주는
월세 로봇

부자가 될 사람은
이미 정해져 있다

세상의 수많은 사람들 중에 왜 부자가 되는 사람은 소수뿐일까? 모두가 다 잘 먹고 잘 살면 안 되는 것일까? 왜 부자는 소수뿐이고 나머지 사람들은 대부분 경제적으로 여유롭지 못할까?

사실 일반인이 부자가 되지 못하는 진짜 이유는 역설적이게도 부자가 되고자 하는 마음이 없기 때문이다. 마음만 먹으면, 정말 부자가 되고자 하는 결심만 있다면 투자처는 도처에 널려 있다. 문제는 내가 그만큼 간절하지 않다는 것이다.

한 달에 100~200만 원 저축하는 게 불가능해 보일 수도 있지만, 사실 정말 간절하다면 1~2년쯤은 최소한의 지출만 하며 충분히 그렇게 살 수 있는 것 또한 인간이다. 2억 원짜리 전셋집에 살고 있는 사람이 보증금 2,000만 원짜리 월세로 이사하면 남은 돈 1억 8,000만 원을 활용해 그보다 훨씬 많은 현금흐름을 만들어낼 수 있다. 하지만 이 땅을 살아가는 대다수의 사람들은 그렇게 하지 못한다. 왜일까? 몰라서? 위험해서? 돈이 부족해서? 여러 가지가 있을 수 있지만 이런 것들이 본질적인 이유는 아니다. 진짜 이유는 그만큼 간절하지 않기 때문이다. 간절하면 방법이 보이게 마련이다. 좀 더 거칠게 말해 지금 당장 그럭저럭 먹고살 만하니 행동으로 옮기지 못하는 것이다.

왜 출퇴근 시간에 스마트폰으로 TV 시청을 하는가? 왜 나의 삶과는 하등 관계도 없는 연예인들 연애 기사에 이러쿵저러쿵 떠드는가? 정치인의 말 한마디에 왜 그리도 흥분하며 댓글을 다느라 많은 시간과 에너지를 몽땅 빼앗기는가? 유권자는 결국 투표로 말하면 되는 것 아닌가? 꼭 그런 사람이 실제 선거 날에는 집에서 빈둥빈둥 놀며 정당하게 투표권 행사조차 하지 않는 경우가 많다.

어느 날 괜찮은 급매 물건이 나왔다고 부동산 중개업소에서 연락이 왔다. 물건이 매우 저렴한 편이었고, 실투자금은 전혀 들지 않았다. 잘만 하면 부동산을 사면서 돈을 남길 수 있는 알짜 물건이었다. 그 지역의 시세를 완벽하게 꿰뚫고 있던 나는 물건 가격을 듣는 순간 잡아야 한다고 생각했다. 하지만 워낙 소형 물건이었기에 내가 직접 매입할 생각은 없었다 (나는 이제 소형 물건을 자산 포트폴리오에는 넣지 않고 있다). 그렇다고 그 좋은 물건을 모르는 사람에게 넘기기도 아까웠다. 그래서 가까운 지인에게 연락을 했다.

"좋은 조건의 물건이 있는데 한번 투자해볼래? 돈은 하나도 안 들여도 돼. 오히려 남을 거야. 그러면서 다달이 얼마만큼의 월세가

　　　　　평생 돈 걱정 없이 사는 월세 로봇 만들기

들어올 거야. 이미 시세보다 싸게 사는 거라서 손해 볼 건 하나도 없어, 가격이 떨어질 지역도 아니고. 어때?”

그런데 지인의 대답은 나의 예상과는 전혀 달랐다. 투자할 생각이 없다는 것이었다. 조금 놀라고 당황스러웠지만 나는 더 생각해보고 알려달라고 말했다. 하지만 그 뒤로 연락은 없었다. 나는 다른 지인 몇 명에게 더 전화를 돌렸다. 그런데 놀랍게도 그들 모두 하나같이 투자하지 않겠다는 것이었다. 좀 더 정확히 말하면 “생각해보겠다” “다음에 괜찮은 물건이 나오면 다시 알려달라”고 했다. 평상시에도 인지하고 있긴 했지만 이를 계기로 내가 더욱 확실히 깨닫게 된 것이 있다.

‘부자가 될 사람은 정해져 있구나!’

부자 될 마음이 있는 사람들이라면, 부동산 투자의 메커니즘을 조금만 이해하는 사람들이라면 너도나도 투자하겠다고 달려들 만한 물건이었다. 하지만 부동산 투자에는 전혀 관심 없는 이들, 부자 될 마음이 전혀 없는 이들에게는 그냥 남의 일처럼 여겨질 뿐이었던 것이다. 물론 그들 중에 부자가 되고 싶지 않다고 말하는 사람은 없을 것이다. 하지만 내가 보기에 그중 진정 부자 될 마음을 먹은 이는 없었다. 그렇지 않다면 왜 시간을 내서 한 번쯤 물건을 확인하러 갈 생각조차 하지 않는단 말인가.

당신은 스스로에게 정말 솔직해질 필요가 있다.

정말 부자가 되고 싶은가?
부자가 될 마음이 정말 있는가?

그렇다면 지금 당장 쓸데없는 모든 것들을 끊어라. 연예 기사도 끊고, TV도 끊어라. 쓸데없는 술자리도 끊어라. 무의미한 인간관계도 끊어라. 적어도 1년간은, 아니 단 한 달만이라도 끊어보라. 그리고 책을 펴라. 모든 길은 책 속에 있는 법이다. 그리고 경제신문을 읽으며 투자의 흐름을 익히려고 노력하라. 투자서적을 읽어라. 공부하라. 주말에는 집에만 늘어져 있지 말고 근처 부동산 중개업소부터 방문해보라. 그렇게 단 한 달만 생활해도 보이는 게 달라질 것이다. 들리는 게 달라질 것이다. 그게 부자가 되는 첫 관문이다. 부자가 된다는 것은 어쩌면 다시 태어나는 것과 다름없다. 그 출발점은 기존의 내 권태와 낡은 모습들을 버리는 것에서 시작한다.

쓸데없는 것은 끊어버리고, 간절함을 더 품어라. 단 한 달도 해내지 못한다면 당신은 부자 될 자격이 애당초 없는 것이다. 그러므로 너무 속상해할 필요도 없다. 그냥 그렇게 사는 것도 나쁘지는 않다. "부자 될 사람은 이미 정해져 있다"라는 말은 절대 농담이 아니다. 반문하고 싶다면 증명하라. 한 달이면 모든 것은 결정이 나게 되어 있다.

 평생 돈 걱정 없이 사는 월세 로봇 만들기

나를 부자로
만들어주는 시스템

오늘 아침에도 허겁지겁 지옥철에 몸을 싣는다. 여유롭게 책을 읽기는커녕 앞사람의 뒤통수만 쳐다보고 있거나, 아직도 눈을 감은 채 졸음과의 사투를 벌이고 있거나, 습관적으로 스마트폰만 만지작거릴 뿐이다. 읽는 기사들 또한 생산적이고 건설적인 정보를 담고 있는 것이 아니라 연예인들의 열애설, 정치인들의 과거 언행, 각종 가십성 글들뿐이다.

헐레벌떡 도착한 회사에서는 하루 종일 일의 노예로 살며 소중한 내 시간을 보내고, 멀뚱멀뚱 시계를 바라보며 퇴근시간만 하염없이 기다린다. 오늘은 제발 야근이 없길 바라면서, 회식 같은 것 또한 없길 바라면서 말이다. 그리고 다시 아침의 그 지옥철을 타고 그대로 집으로 돌아온다. 언제까지 이런 삶을 살아야 하나 깊은 생각에 잠겨보기도 하지만, 딱히 마땅한 대안이 떠오르지 않는다. 어찌 됐든 지금 당장 먹고사는 것이 중요한 것이다. 그렇게 일상은 반복된다.

단기간에 부자가 되는 방법으로는 크게 두 가지가 있다. 로또에 당첨이 되든가, 부자와 결혼을 하든가. 물론 연예인이나 스포츠 스타가 되어 한 번에 빵 떠서 인생역전을 하는 방법도 있겠지만, 이는 애초에 그런 끼나 재능을 타고나거나 오래전부터 열심히 준비하며 갈고닦은 이들의 몫이다. 이 땅을 살아가는 보통 사람들에겐 너무도 먼 남의 일일 뿐이다.

멋들어진 창업스토리는 또 어떤가? 벤처? 주식 상장? M&A? 그 또한 어디 아무나 할 수 있는 일이던가? 현실에서는 너도나도 뛰어드는 업종의 동네 자영업자일 뿐이고, 그 결과는 굳이 일일이 열거할 필요도 없다. 수많은 자영업자의 몰락을 보고 있노라면 함부로 사업하라고 내뱉을 수도 없는 요즘이다.

단언컨대 현재 대한민국에서 평범한 보통사람이 단기간에 부자가 될 수 있는 방법은 없다. 금수저, 흙수저 등 수저론이 거론되는 요즘 같은 시기에 너무도 암울한 이야기 아닌가? 사실 대한민국 사람이라면 어느 정도 동의할 것이다. 내가 단기간에 부자가 될 수는 없다는 것을 말이다. 개중에는 부자, 내 집 마련 같은 것들은 일찌감치 포기하고 최대한 가늘고 길게 살아가는 것을 인생의 목표로 삼는 이들도 많은 게 현실이다. 그래서 등장한 것이 현재 나의 행복과 소비를 중시한다는 'YOLO(You Only Live Once)' 현상이다. 인스타그램이나 페이스북 등 각종 SNS를 보면 이에 대한 증거들이 넘쳐난다. 너도나도 남들에게 행복하게 보이고 싶어 안달이다. 하

　　　　　　　　　　평생 돈 걱정 없이 사는 월세 로봇 만들기

지만 모든 건 결국 일회성 만족일 뿐, 얇은 내 지갑 속사정은 어디 가지 않는다. 그 덕에 공무원을 비롯한 각종 자격증 시험의 인기는 날이 갈수록 치솟지만, 그렇게 힘들게 딴 자격증도 내 인생을 드라마틱하게 바꿔주지는 못한다. 여전히 쳇바퀴 도는 삶을 살고, '경제적 자유'란 요원한 일일 뿐이다. 그렇게 이 땅의 수많은 이들이 살아간다.

나는 2014년 출간한 첫 책《월급쟁이 부자는 없다》에서 '경제적 자유'의 필요성과 중요성에 대해 길게 설파한 바 있다. 오로지 직장과 월급만 바라보는 좁은 시야에서 벗어나, 자본주의 시대를 살아가는 한 개인으로서 어떤 시야와 마인드를 갖고 살아야 하는지 등을 말이다.

사실 나는 대한민국의 보통 또래들과는 차원이 다른 삶을 살고 있다. 내가 일하지 않고도 돈이 들어오는 시스템을 상당히 이른 나이부터 만들기 시작했으며, 해를 거듭할수록 자산의 증가 속도도 빨라지고 있다. 그 어떤 사람이나 조직의 틀에 갇혀 있지 않고 자유로우며, 그러한 자유로움과 여유는 좀 더 길게 보는 투자와 새로운 시도를 가능하게 한다. 그리고 이는 다시 선순환을 그려 자유로움의 질적 수준을 높여주고 있다.

나는 늘 새로운 투자, 이제껏 해보지 않았던 투자를 하고 더 많은 돈을 벌기 위해 여러 가지 다양한 시도들을 하지만, 어디까지나 내 개인적 '자유'가 훼손되지 않는 선을 지킨다. 단순히 돈만 많은 부자가 되는 것보다 시간적, 경제적 자유 속에서 여유로움을 즐기는 현재의 내 인생을 중시하기 때문이다.

　그럼 이쯤에서 다시 한 번 생각해보자. '경제적 자유'란 정말 무엇인가. 장황하게 설명할 수도 있지만, 한마디로 말하자면 이렇게 표현할 수 있다.

'내가 일하지 않아도 어딘가에서
꼬박꼬박 돈이 들어오는 삶'

　즉, 내가 매일 아침 지옥철에 몸을 싣지 않아도, 내가 나의 시간과 노동력을 팔지 않아도 돈이 들어오는 삶이야말로 경제적 자유를 가진 삶이라 말할 수 있다. 들어오는 돈의 액수는 당연히 많으면 많을수록 좋겠지만 일반적으로 내가 매달 쓰는 기본 생활비를 넘어설 때 '경제적 자유'를 쟁취했다고 표현할 수 있다. 그렇게 되는 순간 나는 단순히 돈 때문에 일을 하며 살지 않아도 되기 때문이다. 결국 내가 나의 몸으로 돈을 버는 것이 아니라 내가 가진 시스템으로 돈을 벌기 시작할 때 경제적 자유로 가는 인생은 시작된다. 그럼 그러한 시스템들에는 무엇이 있을까?

　나를 부자로 만들어주는 시스템에는 사업, 저작권, 주식 배당, 연금, 은행 이자 등 크게 다섯 가지가 있다. 이 모든 것은 자본주의 사회에서 나의 시간과 노동력을 팔지 않아도 매달 나에게 일정 액수 이상의 수익을 안겨주는 것들이다. 나열된 순서대로 이룰 가능성이 희박한 대신 고수익을 안겨준다. 즉, 위쪽에 있을수록 달성 확률은

　　　　　　　　　　　　평생 돈 걱정 없이 사는 월세 로봇 만들기

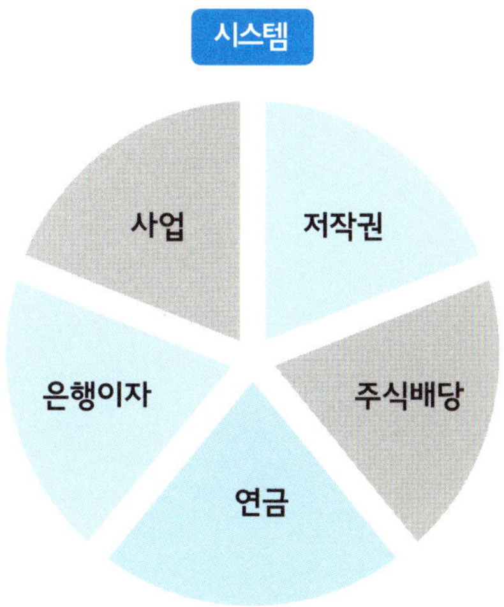

적지만 이루어낼 경우 막대한 부를 창출하며, 반대로 아래쪽에 있을수록 달성 확률은 높으나 그 수익은 적다.

그런데 여기, 달성 확률이 매우 높으면서 수익도 훌륭한 '시스템'이 있다. 바로 '월세 로봇'이다. 월세 로봇은 누구나 마음만 먹으면 큰돈을 들이지 않고도 충분히 만들어낼 수 있는 시스템이다. 단순히 부동산 투자를 해야 한다는 것이 아니다. 이 자본주의 땅에서 당신은 '소비자'가 아닌 '생산자'가 되어야 하며 이는 '시스템'을 소유했느냐, 소유하지 않았느냐로 구분된다. 그 수많은 시스템 중 하나가 바로 월세 로봇이며, 이는 가장 승산이 높으면서도 수익 또한 훌륭한 상품이다.

당장의 현금흐름이
무엇보다 중요한 이유

많은 이들이 부동산 투자를 하면서 과연 이 녀석이 얼마나 오를까를 고심한다. 좀 더 정확히 말하자면, 딱 그것만 생각한다. 그래서 마치 주식 투자를 하듯이 수시로 시세를 확인하곤 한다. 특히 부동산 투자에 적극적인 사람들일수록 더욱더 그렇다. 그래서 조금만 가격이 떨어지면 불안해하고, 반대로 조금만 올라도 더 오를 것이라고 기대하며 '더, 더' 욕심을 부린다. 계속해서 돈의 노예가 되어가는 것이다. 월급의 노예가 되고 싶지 않아 부동산 투자를 시작했다가 오히려 부동산의 노예로까지 전락하고 마는 것이다. 나는 이런 식의 투자를 지양한다. 이런 투자는 내 자산 포트폴리오의 '메인'으로 두지 않는다.

오래전부터 나는 늘 현금흐름이 발생하는 소액 부동산 위주로 투자를 진행해왔다. 이제 소형 부동산에는 투자를 하지 않지만 기본

평생 돈 걱정 없이 사는 월세 로봇 만들기

적인 투자원칙만은 고수하고 있다. 그 규모와 사이즈가 어떠하든 간에 늘 '현금흐름'을 밑바탕에 깔아두고 투자를 하는 것이다. 그러면서 시세차익을 볼 수 있는 아파트나 토지, 사업 시스템 등을 추가해 다채로운 포트폴리오를 구상한다. 다달이 현금흐름이 발생하다 보니 한결 여유로운 상황에서 투자를 할 수 있고, 좀 더 장기적 관점에서 투자를 할 수 있는 여력이 생겼다. 현금흐름에 집중한 결과 상당한 시세차익까지 거두게 된 것이다. 이런 식으로 투자를 해야 한다. 특히 초보자일수록, 소액의 종잣돈을 가진 사람일수록 이런 식으로 포트폴리오를 구성해나가야 한다. 현금흐름(월세)에 의지해 부자가 되자는 의미가 아니다. 이는 그 자체로 의미가 있는 것이다. 왜? 이는 곧 당신에게 '경제적 자유'를 선물할 것이고, 경제적 자유는 당신의 인생에 '자유'를 가져다줄 것이기 때문이다. 자유란 결코 행복과 다름없다.

단순히 사두기만 하고서 얼마가 오르기를 바라는 투자, 시세차익만을 노리는 투자를 하지 않길 바란다. 그보다는 매월 나오는 월세, 현금흐름에 치중하는 투자를 하길 바란다. 인생에서 '자유'와 '행복'을 중요시하는 사람일수록 더욱 새겨들을 필요가 있다. 내가 권하는 이 부동산 투자 방법을 제대로 활용한다면 단언컨대 당신은 이 땅, 대한민국에서 '노후 걱정' 따위 하지 않아도 될 것이다. 더 나아가 당신의 노력과 의지 여하에 따라 그 시기를 매우 일찍 앞당길 수도 있을 것이다. 건물주 할아버지, 배 나온 건물주 아저씨가 아니라 '젊은 부동산 임대사업가'로서의 삶이 가능해지는 것이다.

투자자로서의 '지속성'을 고려해도 훨씬 효율적이다. 단돈 몇 십만 원씩이라도 꾸준히 현금흐름이 생기고, 그 금액이 쌓여가는 것을 보는 것은 생각보다 훨씬 더 재미있는 일이다. 매월 내 가처분 소득이 늘고, 더 나아가 내 인생을 오롯이 누릴 수 있는 시기가 점점 더 앞당겨지는 재미는 느껴보지 않으면 결코 알 수 없다.

무조건적인 희생과 기다림만을 요구하는 부동산 투자는 멀리하라. 많은 사람들이 그 시기를 기다려서 훌륭한 수익을 내느냐 하면 또 그렇지만도 않다. 나는 늘 미래를 준비하고 미래지향적으로 하루하루를 살아가고 있기는 하지만, 그에 못지않게 중요하게 여기는 것이 바로 '현재의 시간'이다. 내 인생에 있어 지금 이 순간보다 더 소중한 것은 없기 때문이다. 따라서 먼 미래의 수익보다는 당장의 현금흐름을 더 중시하는 것이다. 물론 이제 나는 이런 기본 토대를 갖추었기에 먼 미래의 수익까지 바라보는 투자를 할 수 있는 여유가 생겼다. 그러니 늘 현재의 현금흐름에 집중하라! 그러면서 미래

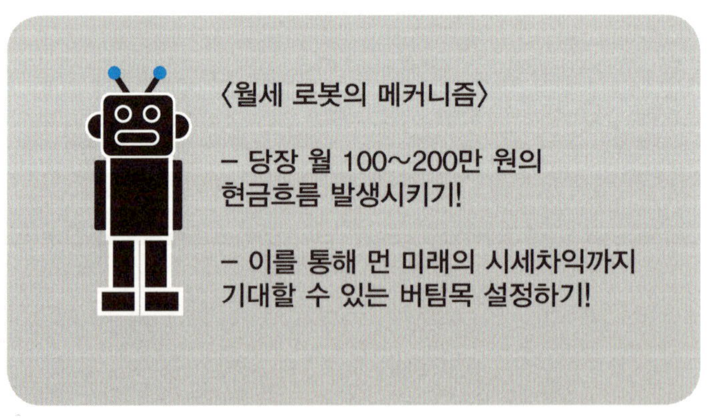

를 그려라!

월세 로봇은 먼 미래보다는 당장의 현금흐름을 중시하는 부동산 투자 방식이다. 그러면서도 미래를 기대하는 투자 방식이다. 당장의 현금흐름을 발생시켜 월급 이외의 여유소득을 만들고, 그 여유로움을 통해 미래의 시세차익까지 기대해볼 수 있는 시간을 버는 것이다. 조그마한 월세 로봇 1채가 가져오는 20~30만 원의 수익이 현재의 내 빡빡한 삶에 숨통을 틔워주고, 한 채 한 채 개수가 늘어남으로써 함께 증가하는 월세 순익은 불확실한 내 인생의 희망으로 다가올 것이다.

월세 로봇으로
경제적 자유를 누려라

평범한 사람이 단기간에 부자가 될 수 있는 방법은 없다. 하지만 평범한 사람이 단기간에 경제적 자유를 이룰 수 있는 방법은 있다. 그 수단이 바로 '월세 로봇'이다.

월세 로봇은 한마디로 수익형 부동산을 의미한다. 부동산의 종류는 크게 수익형과 차익형으로 나뉜다. 차익형 부동산은 말 그대로 시세차익을 목적으로 하는 투자를 말한다. 이는 최근 2~3년 사이에 '갭(gap) 투자'란 말로 널리 알려졌다. 수익형 부동산은 그 앞에 '임대'가 생략된 것으로서 보유하고 있는 동안 매달 꾸준히 임대수익, 즉 월세가 나오는 부동산을 의미한다.

대학 시절 학교에서 부동산 투자론 수업을 들을 당시 '인컴게인(income gain)'과 '캐피털게인(capital gain)'이란 용어를 공부한 적이 있다. 인컴게인은 투자한 주식이나 공사채에서 얻어지는 배당 또는

 평생 돈 걱정 없이 사는 월세 로봇 만들기

이자 수입을 말하고, 캐피털게인은 투자한 주식이나 공사채의 가격 상승에 의한 수익을 말한다. 즉, 주식의 배당은 인컴게인이며, 주가의 상승에 따른 매매차익은 캐피털게인인 것이다. 수익형 부동산은 '인컴게인'을 그 목적으로 하는 부동산이다. 다시 말해 (임대)수익이 발생하는 부동산이란 뜻이다.

수익형 부동산에는 다양한 종류가 있다. 다세대(빌라), 아파트, 오피스텔, 상가, 다가구, 아파트형 공장, 꼬마빌딩 등 무수히 많다. 어쩌면 모든 부동산이 수익형 부동산이 될 수도 있다. 부동산을 임대해주는 방식에는 두 가지가 있는데 같은 부동산이라도 월세를 놓느냐, 전세를 놓느냐에 따라 수익형 부동산이 될 수도 있고, 차익형 부동산이 될 수도 있다. 차익형 부동산의 대표격인 토지 또한 때에 따라 충분히 수익형 부동산으로 활용할 수 있다.

지금은 기준금리가 1%대인 시대다. 이 시대는 우리에게 암묵적으로 '투자자'가 되기를 강요하고 있다. 이제 대한민국에서 투자는 선택이 아닌 필수다. 너 나 할 것 없이 하루 빨리 '투자자의 옷'을 입어야 한다.

대한민국의 인구 및 산업구조의 측면으로 봤을 때도 수익형 부동산, 월세 로봇에 대한 수요는 앞으로도 끊임없이 있을 것이다. 이미 은퇴했거나 은퇴를 앞둔 베이비부머 세대들은 앞으로 여윳돈이 생기면 수익형 부동산을 계속해서 매입할 것이다. 노후 준비가 안 되어 있기 때문이다.

2030 젊은 세대들 또한 마찬가지다. 요즘 대한민국의 젊은이들

은 월급만으로는 더 이상 희망이 없음을 굉장히 이른 나이에 깨닫고 있다. 그래서 인생의 이른 시기부터 월세 수입을 만들어서 하루빨리 '경제적 자유'를 누리고자 하는 이들이 아주 많다. 내 주변에는 24세에 이미 부동산 5채에 투자해 월세를 받고 있는 젊은 청년도 있다.

앞으로 대한민국에서 수익형 부동산, 월세 로봇에 대한 수요는 점점 더 늘면 늘었지 줄어드는 일은 결코 없을 것이다. 월급만으로는 답을 찾을 수 없음을 깨달은 많은 이들이 조금이라도 종잣돈이 생기면 적극적으로 매수에 뛰어들 것이기 때문이다. 향후 대한민국은 결국 두 계급으로 나뉠 것이다. 월세를 받는 자와 월세를 내는 자로.

내가 이 책에서 언급하는 사례들을 보면 굳이 큰돈을 들이지 않고도 '월세 받는 인생'을 살 수 있음을 알게 될 것이다. 월세는 꼭 큰 목돈을 가진 사람들만 받을 수 있는 게 아니다. 그럴듯한 건물을 사야만 경제적 자유를 누릴 수 있는 것도 아니다. 1,000~2,000만 원의 비교적 적은 금액은 물론이고 단돈 몇 백만 원, 때에 따라서는 돈 한 푼 들이지 않고서도 월세를 받을 수 있다.

오히려 '플러스피 투자'라 하여 돈을 만들어내면서 월세까지 받는 상황도 만들어낼 수 있다. 그리고 단순히 월세 수익을 넘어 상당한 시세차익까지 얻을 수 있다. 당신이 할 일은 월세를 따박따박 받으며 조금 기다리기만 하면 되는 것이다. 또한 매년 꾸준히 올라주는 임대 보증금과 월세 등은 계속해서 삶의 윤택함과 여유 수준을

 평생 돈 걱정 없이 사는 월세 로봇 만들기

올려줄 것이다.

나는 부동산 투자를 통해 자산 증가의 속도를 키웠다. 투자 방법과 수단에 꼭 부동산만 있었던 것은 아니다. 하지만 부동산만큼 승산 가능성이 높은 게임은 없었다. 특출한 재능이 없는 평범한 사람일수록 부동산 투자를 노려볼 만하다. 부동산 투자는 비교적 노력한 만큼 성과가 나는 게임이기 때문이다. 사실 오랜 기간 꾸준히만 할 수 있다면 부동산 투자는 오히려 노력 대비 성과가 상당히 과한 편이다. 내가 직접 그 길을 걸어왔고, 또 나의 모습을 보고 따라온 많은 분들이 성과를 내고 있기에 믿어도 좋다.

다만 여기서 중요한 점은 올바른 부동산 투자 방법을 배워야 한다는 것이다. 같은 부동산 투자를 하더라도 누군가는 쪽박이 나기도 하고, 누군가는 수년째 제자리 상태에서 기회비용만 낭비하기도 한다. 이 모두가 부동산 투자 방법을 올바르게 배우지 못했기 때문이다. 단순히 강사가 오르는 아파트라고 찍어주면 아무런 분석 없이 무턱대고 사는 행위들, 현금흐름이 탄탄하지 않은 상황에서 거액의 목돈을 턱턱 써버리는 행위들, 오랜 기간 묵혀두며 시간의 흐름을 먹고 자라야 할 나무 같은 부동산을 조금 자랐다고 바로 잘라버리는 행위들, 이 모든 게 다 올바른 부동산 투자 방법을 익히지 못해서다.

그렇다면 올바른 부동산 투자법은 무엇일까? 다음 페이지의 그림을 통해 설명하겠다.

부동산	
수익형 (수비)	**차익형 (공격)**
주거용 / 상업용	갭투자 / 분양권
소형아파트 다세대 (빌라) 오피스텔 다가구 / 근린상가 공장 꼬마빌딩	재개발 재건축 / 토지

부동산 투자 방법을 축구 경기에 비유해보자. '수비'가 있고, '공격'이 있다. 부동산 투자에서 '수비'란 현재의 현금흐름에 집중하는 방법이고, '공격'이란 당장의 현금흐름은 발생하지 않더라도 미래의 시세차익을 위해 베팅하는 것이다. 가파르게 상승하는 대세 상승장이 아닌 이상, 초보자의 부동산 투자는 현금흐름을 만들어가는 것이어야 한다. 탄탄히 수비를 갖춰놓고 그 이후에 하나씩 공격형 물건을 본인의 포트폴리오에 집어넣음으로써 미래를 도모하는 전략을 추구해야 한다.

수익형(수비)을 좀 더 자세히 살펴보면, 그 안에서도 '주거용'과 '상업용'으로 나뉘는 것을 볼 수 있다. 주거용 투자의 대표적인 상품으로는 소형아파트, 다세대(빌라), 오피스텔, 다가구 등이 있다. 상업용 투자의 대표적인 상품으로는 근린상가, 공장, 꼬마빌딩 등이 있다. 주거용 투자는 비교적 소액으로 가능하고 안정적인 투자

 평생 돈 걱정 없이 사는 월세 로봇 만들기

방법이며, 상업용 투자는 그에 비해 투자금이 많이 들고 리스크가 있는 편이나 그만큼 높은 수익을 기대할 수 있다.

차익형(공격)을 살펴보면, 갭 투자, 분양권, 재개발-재건축, 토지 등이 있다. 갭 투자에 대한 설명만 좀 더 풀어보자면, 아파트의 매매가와 전세가의 가격 차, 즉, 갭(gap)을 이용하여 투자하는 방식이다. 예를 들어, 매매가 2억짜리 아파트를 1억 8,000만 원의 전세를 끼고 실투자금은 약 2,000만 원 들여 매입한 다음, 해당 아파트 매매가가 2억 이상으로 올라주면 성공하는 투자 방식이다. 전세 보증금이라는 레버리지를 활용함으로 인해 소액으로도 투자가 가능하다는 장점이 있다. 반면 매매가가 하락하거나 전세가가 떨어진다면 역전세로 인해 큰 손실을 볼 수도 있는 투자법이다.

부동산 투자에 있어 어떤 투자법이 옳다 그르다 함부로 단정 지을 수는 없는 법이다. 하지만 이제 막 부동산 투자를 시작하는 초보 투자자들에게 추천하는 것은 우선 '수비'에 치중해서 본인의 자산 포트폴리오를 구축해나가는 방법이다. 그리고 그 안에서도 '상업용'보다는 '주거용'에 먼저 집중하길 권한다. 소액으로 가능하기 때문이고, 별다른 리스크가 발생하지 않기 때문이다.

내가 이 책에서 초보 투자자들에게 강조하고 있는 '월세 로봇' 역시 '수비'(수익형), 그리고 그 안에서도 '주거용'에 집중하는 방법이다. 그렇게 몇 개의 월세 로봇을 세팅하여 월세가 100~200만 원으로 늘어나면 그때 비로소 포트폴리오에 공격형 자산을 하나씩 편입시키는 것이다.

월세 로봇의
기본은 수익률

월세 로봇을 소유하기 전에 알아둬야 할 가장 기본적인 것은 바로 '수익률'에 대한 올바른 이해다. '실투자금', 그로 인해 나오는 '순수익', 그리고 그 성공 여부를 측정하는 '수익률'에 대한 정확한 이해는 월세 로봇 투자에 있어 아무리 강조해도 지나치지 않는다.

부동산 초보 투자자가 가장 많이 하는 실수 중 하나는, 월세 로봇 투자를 할 때 내 집 마련을 하듯이 접근한다는 것이다. 이 둘은 부동산이라는 재화에 투자하는 행위 자체만 동일할 뿐, 그 근본 목적이나 접근 방식에 있어서는 완전히 다른 길을 걷는다. 월세 로봇은 월세를 받는 것이 주목적이지, 절대 내가 그곳에 직접 거주하려고 사는 것이 아니다. 따라서 접근 방식 자체가 내 집 마련을 할 때와 달라야 한다. 즉, 단순히 내가 살기 좋은 곳을 기준으로 접근해서는

　　　　　　　평생 돈 걱정 없이 사는 월세 로봇 만들기

안 된다. 철저히 '수익률'의 관점에서 바라보아야 하는 것이다.

= 순수익 / 실투자금액 *100

$$\frac{\text{(월세*12개월)} - \text{연간 납부해야 하는 대출이자}}{\text{순수익}} / \frac{\text{매입가-대출금-임대보증금+비용)}}{\text{실투자금액}} *100$$

월세 로봇 투자에서 수익률이란 연 수익률을 기본으로 한다. 순수익은 매월 발생하는 월세 수입에서 대출 이자를 제한 금액에 12개월(1년 치)을 곱한 것이다. 그리고 실투자금은 부동산 매입가(낙찰가)에서 담보대출금, 임대보증금 등을 빼고 취득세, 법무비, 수리비 등의 비용을 더한 값이다. 이 공식은 임대수익률만을 측정한 것이므로 향후 부동산 가격이 오름으로써 발생하는 시세차익은 덤인 것이다. 따라서 가격 상승에 대한 기대치가 낮은 지역은 철저히 높은 임대수익률로 투자비용을 상쇄하고, 반대로 향후 가격 상승이 기대되는 곳은 당장의 임대수익률은 낮게 잡아도 무방하다.

또 하나 부동산 투자에 있어 임대수익률이 중요한 이유 중 하나는 큰 변동이 있지 않은 이상 매년 수익률이 보장되기 때문이다. 주식과 비교하면 보다 이해하기 쉬울 것이다. 주식의 경우 확정된 수익률을 매년 보장해주지 않는다. 오히려 내일 당장 수익이 날지, 손실이 날지도 예측하기 힘든 게 주식이다. 하지만 월세 로봇은 한 번 세팅이 되면 매년 내가 얻을 수 있는 임대수익률이 충분히 예측 가능하다. 그리고 그것이 오랜 기간 쌓여 복리화되면 엄청난 위력을 발휘한다.

그렇다면 월세 로봇을 만드는 데 있어 수익률은 어느 정도가 적당할까? 기본적으로 수익률 측정에 있어서 언제나 기준이 되는 것은 '은행 예금 금리'다. 사실 이는 재테크의 출발점이라고 할 수 있다. 은행 이자에 만족하지 못하는 사람이 더 큰 수익을 위해 리스크를 감수하고 하는 행위가 곧 투자이기 때문이다. 따라서 그 어떤 투자든 간에 수익률의 1차 목표는 적어도 은행 예금 금리 이상은 되어야 한다.

그럼 좀 더 구체적으로 과연 어느 정도 금액이면 양호한 임대수익률이라고 할 수 있을까? 결론부터 말하자면 그 기준을 절대적인 수치로 정의하기는 어렵다. 지역마다 다르고, 물건 종류마다 다르고, 물건의 금액과 사이즈마다 다르기 때문이다. 하지만 월세 로봇이라면 적어도 두 자릿수의 수익률은 나와야 한다고 본다. 굉장히 핫한 지역이어서 싸게 사기 힘든 지역(사실 이런 지역은 월세 로봇 투자용으로 적합하지 않다)이 아닌 이상 두 자릿수, 최소 10% 이상은 수익률이 나와줘야 하는 것이다.

한 자릿수, 10% 미만의 수익률이라면 월세 로봇 투자용으로, 특히나 소액 부동산 투자용으로는 적합하지 않다. 물론 이 수익률은 대출금, 임대보증금 등의 레버리지를 모두 포함해서 계산한 것을 말한다. 그러므로 이 정도 수익률은 당연히 나와야 하는 것이다. 레버리지를 포함해 계산한 수익률이 두 자릿수가 되지 않는다면 레

　　　　　　　　　　　　　　　평생 돈 걱정 없이 사는 월세 로봇 만들기

버리지를 제외한 실질 수익률은 훨씬 더 줄어들기 때문이다.

초보 투자자일수록, 특히 소액 투자자일수록 적극적으로 레버리지를 활용해서 투자해야 한다. 예를 들어 임대보증금 2,000만 원에 월세 60만 원, 임대보증금 1,000만 원에 월세 70만 원이 가능한 월세 로봇이 있다고 하자. 이럴 때 얼마로 임대를 놓아야 할지 묻는다면 나는 두말할 것도 없이 임대보증금 2,000만 원에 월세 60만 원을 택하라고 할 것이다. 소액 투자자의 경우 당장 돈 한 푼이 아쉬운 상황일 것이기 때문이다. 1,000만 원을 모으려면 결코 적지 않은 시간이 필요하다. 당장 월세 10만 원을 더 받는 것보다 임대보증금을 많이 받아 실투자금을 줄이는 것이 향후 투자금 확보 측면에서 훨씬 더 유리한 것이다.

또한 무엇보다 중요한 것은 부동산 투자시장에서 살아남아야 한다는 것인데, 부자가 된 이들은 모두 다 하나같이 투자시장에서 사라지지 않고 살아남은 이들이다. 그런데 사실 사라지지 않는 것도 수중에 돈이 있어야 가능하다. 사람 마음이라는 게 그렇지 않은가. 판돈이 떨어져서 게임을 할 수 없는 마당에 재미를 느낄 수는 없는 법이다. 마음이 식는 게 인지상정이다. 그렇기에 초보 투자자는 절대 섣불리 종잣돈을 함부로 소진하지 말고, 늘 실투자금을 최소화하는 투자를 해야 한다. 그래야 돈이 떨어지는 시기를 최대한 늦출 수 있으며, 부동산 투자시장에서 살아남을 수 있다. 이후 다달이 투입되는 월급, 조금씩이나마 쌓이는 월세, 그리고 1년차, 2년차부터 생기는 임대보증금 인상분과 매도차익 등으로 계속해서 추진력을 얻게 될 것이다.

이처럼 늘 레버리지를 적극적으로 활용하여 실투자금을 최소화하는 게임을 하되, 수익률을 계산하는 데 있어서는 레버리지를 포함했을 때와 그렇지 않았을 때를 정확히 구분하는 것이 좋다. 레버리지를 포함했을 때만 계산하면 자칫 '수익률의 함정'에 빠질 수도 있기 때문이다.

자, 이제부터 레버리지 없이 순수 자기자본으로 투자했을 경우와 대출을 활용해 투자했을 경우를 각각 살펴보자. 먼저 레버리지 없이 순수 자기자본으로 진행했을 경우 2억짜리 다세대 주택(빌라)을 경매로 매입했다고 가정하고, 임대보증금 2,000만 원에 월세 70만 원이라고 하면 수익률은 어떻게 될까?

(70만 원* 12개월)=840만 원/(2억 원-2,000만 원)=1억 8,000만 원 =0.046*100=4.6%

월세 70만 원을 12개월로 곱한 값(840만 원)에 매입가(2억 원)에서 임대보증금(2,000만 원)을 뺀 값(1억 8,000만 원)을 나누면 수익률이 4.6%가 나오게 된다.

다음으로 대출을 활용해 투자했을 경우 매입가와 임대조건은 동일한 상황에서 대출을 1억 6,000만 원(80%), 금리 4%로 받았다고 가정하면 수익률은 어떻게 될까?

840만 원-640만 원=200만 원/1억 8,000만 원-1억 6,000만 원=2,000만 원=10%

이것이 바로 레버리지의 힘이다. 대출을 활용함으로써 기존의 수익률(4.6%)을 10%로 끌어올린 것이다. 매입가와 임대조건은 동일한 상태에서 말이다. 수익률을 두 배 이상 끌어올린 셈이다. 다만 그만큼 매월 순수익은 줄어들었다. 70만 원의 순수익이 16만 6,000원(200만 원/12개월)으로 말이다. 대신 실투자금 또한 1억 8,000만 원에서 2,000만 원으로 대폭 줄었다. 남은 자금으로는 비슷한 투자를 몇 건 더 진행하여 훨씬 더 많은 월세 순익을 만들어내는 것이다.

우리는 레버리지를 적극적으로 활용하여 1억 8,000만 원으로 1채 살 것을, 2,000만 원으로 9채 사는 전략을 취해야 한다.

① 1억 8,000만 원으로 1채 샀을 때의 월 순수익

   = 70만 원

② 1억 8,000만 원으로 대출을 활용하여 9채 샀을 때의 월 순수익

   = 16만 6,000원*9채=149만 4,000원

위의 경우 같은 종잣돈으로 월 순수익이 두 배가 넘는 차이를 보인다. 게다가 아직 미래의 시세가치 상승분은 계산하지 않은 것이다. 즉, 가령 2억 원짜리 부동산이 추후 2억 2,000만 원 정도로 오른다면 그만큼 매도차익이 발생하게 된다(2억짜리 부동산이 2억 2,000만 원이 되는 것은 그리 어렵지 않은 일이다). 1채에만 투자했다면 매도

차익으로 2,000만 원을 벌 수 있지만, 만약 9채에 투자했다면 매도 차익으로 2,000만 원*9채=1억 8,000만 원을 벌 수 있게 된다. 물론 디테일한 세금 계산은 제외한 것이지만, 그렇다 할지라도 이 둘의 금액 차이가 비교할 수 없을 만큼 상당하다는 것은 부인할 수 없는 사실이다. 이것이 바로 당신이 실투자금을 최소화하며 월세 로봇 시스템을 갖추어야 하는 이유다.

1년에 한 채씩 투자하겠다? 너무 늦는다. 빠르면 1년간, 좀 더 여유 있게 잡으면 2년간 월세로 순수익 200만 원을 벌겠다는 목표로 투자에 임해야 한다. 적어도 8~10개의 월세 로봇 시스템을 갖추어 놓아야 1차적으로 '경제적 자유'의 문턱을 넘어설 수 있다.

지금 이 순간 결심하라. 월세 로봇의 오너가 되겠다고, 월세 로봇 시스템을 갖추겠다고! 이는 시간이 갈수록 당신의 자산 증가에 가속도를 붙여줄 것이다.

  평생 돈 걱정 없이 사는 월세 로봇 만들기

'경제적 자유'로 가는 로드맵

아래 그림을 한 번 살펴보도록 하자.

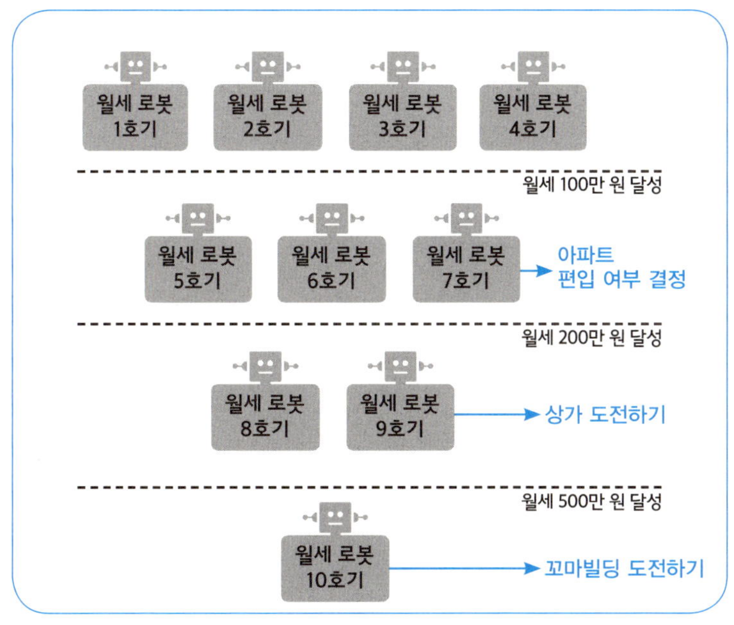

자세히 보면 출발지가 있고, 종착지가 있다. 과연 부동산 투자의 종착지는 '어디'라고 생각할 수 있을까? 부동산 투자자라면 꿈꾸는 종착역, '조물주' 위에 있는 그분, '건물주'라고 할 수 있을 것이다. 대한민국 국민치고 건물 소유에 대한 로망이 없는 사람은 아마 없을 것이다. 문제는 건물을 한 방에 살 수 있는 사람이 거의 없다는 것이다.

일명 '꼬마빌딩'의 경우 필요한 자본금이 평균 '5억 원' 정도라고 보면 된다(물론 지역과 물건의 사이즈에 따라 다르다). 이 정도 목돈을 한 번에 모으기는 힘들다. 그렇다고 월급을 차곡차곡 저축한다고 해서 쉽게 모을 수 있는 금액 또한 아니다. 그럼 이 꿈을 포기해야만 할까? 물론 그렇지 않다. 앞서 설명한대로 소액 부동산부터 하나씩 차근차근히 늘려가면 된다. 지금 당장 그럴듯한 건물을 살 수 없다면 지방의 소형아파트부터, 수도권의 조그마한 빌라(다세대)부터 시작해서 하나씩 차근차근 늘려가면 되는 것이다. 그게 바로 '월세 로봇'이다. 매매가 1억 원 내외의 물건으로, 실투자금을 1,000만 원을 내외로 쓰면서(때에 따라서 무피-플러스피도 가능하다) 월 순수익 20만 원 정도를 바라보며 투자를 이어가는 것이다(물론 그 이상 가능할 수도 있다).

당신은 월세 로봇의 오너다. 지금 당장은 월급쟁이나 자영업자일 수도 있지만 월세 로봇의 오너가 되겠다는, 임대사업가가 되겠다는 꿈을 가져야 한다. 당신은 이제 사업가다. 당신은 사업체의 오너이며, 월세 로봇은 당신의 직원들이다. 처음에는 소형 월세 로봇 한

　　　　　　　　평생 돈 걱정 없이 사는 월세 로봇 만들기

채에 불과하던 것도 점점 그 개수가 늘어나며 월세 로봇의 사이즈는 점점 커지게 될 것이다. 단순히 직장에서 자신의 시간과 노동력만 팔아서 돈을 버는 것이 아니라 당신의 월세 로봇들이 당신을 위해 돈을 벌어다주는 것이다. 당신이 해야 할 일은 훌륭한 월세 로봇을 매입해 이를 관리, 유지하는 일뿐이다. 당신의 투자 경험이 쌓일수록, 자본의 크기가 커지면 커질수록 당신은 점점 더 똑똑하고 든든한 월세 로봇을 갖게 될 것이다. 그리고 이는 당신에게 '경제적 자유'를 선사할 것이다.

주의할 점은 절대 첫 월세 로봇에 너무 많은 종잣돈을 소진해서는 안 된다는 것이다. 절대 금액이란 없겠지만, 그래도 한 채당 2,000만 원 이상 투자하는 것은 말리고 싶다. 가능한 그 금액을 넘지 말라. 설령 지금 억대의 종잣돈 또는 5,000만 원이 넘는 종잣돈을 갖고 있을지라도 절대 첫 월세 로봇에 이를 전부 쏟아부어서는 안 된다. 또한 돈을 하나도 안 쓰거나(무피), 남기면서 투자하는 물건(플러스피)을 너무 바라는 것도 옳지 않다. 첫 월세 로봇(1호기)에는 말이다.

그보다는 빠른 시일 내에 투자의 한 사이클을 직접 돌려보는 것이 훨씬 더 중요하다. 금액은 1,000~1,500만 원 정도가 가장 적당하다. 그렇게 한 건을 투자해봄으로써 '자신감'과 '경험'이라는 무기를 쌓은 이후에 좀 더 투자금을 줄이는 게임을 하든지, 아니면 미래가치가 기대되는 물건에 투자금을 조금 더 쓰는 방식으로 진척시켜 나가볼 수도 있다. 전자는 실투자금을 최소화하면서 임대수익을 극대화하는 방법이고, 후자는 베팅해볼 만한 곳에 확실히 베팅하면서 자산가치의 상승을 기대하는 방법이다. 둘 다 핵심은 내가 직접 일하지 않고도 나에게 수익을 가져다주는 월세 로봇을 만든다는 점이다.

부자가 되기 위한
3개의 원칙

부동산 투자를 시작하는 데 있어 가장 중요한 것은 어떤 특별한 테크닉도, 방법론도, 종잣돈도 아니다. 무엇보다 중요한 것은 '간절한 마음가짐'이다. 그리고 그 간절함은 구체적인 '실체'와 '수치'로 드러나야 한다.

막연하게 부자가 되고 싶다고 생각하기보다는 '어느 동네, 어느 아파트에 살겠다' '어떤 브랜드의 수입차를 타겠다' '매월 월세를 300만 원 정도는 받겠다'와 같이 구체적으로 목표를 설정하는 것이 중요하다. 이런 식으로 목표를 설정해야 달성할 확률도 훨씬 더 높아진다. 하지만 내가 여기서 강조하고 싶은 것은 단순히 '목표를 설정하라' '구체적으로 상상하라' '이루고 싶은 것을 글로 적어라'와 같은 것들이 아니다(물론 이런 것들은 실제 부자가 되는 방법들 중 하나다). 가장 중요한 것은 나의 간절한 마음가짐이다.

부자가 되기 위한 제1원칙은 '간절함'이다. 단순히 교과서적인 이야기를 나열하고자 하는 것이 아니다. 왜 누구는 부자가 되고, 누구는 부자가 되지 못할까. 많은 이유들이 있겠지만, 가장 큰 이유는 그만큼 간절하지 않기 때문이다. 많은 사람들이 단순히 '부자가 되면 좋겠다' '돈이 많으면 좋겠다' 정도로만 생각할 뿐 진짜 부자가 될 생각은 없는 것이다.

사실 부자가 된 사람들의 삶을 들여다보면 인생을 살면서 한 번씩 어떠한 '처절함'을 경험한 경우가 많다. 돈 때문에 자존심을 심하게 짓밟힌 적이 있었다든지, 집안이 한 번 크게 휘청거려서 견디기 힘든 시기가 있었다든지, 월화수목금금금, 저녁도 주말도 없이 일하는 회사생활에 지쳐버렸다든지, 자유와 행복이 너무도 간절하다든지 등등. 어떠한 처절함과 간절함을 느끼는 계기가 있었다. 그때의 그 기억과 아픔은 기나긴 투자 레이스에서 지치지 않고 지속할 수 있는 힘이 되어주기에 충분하다.

정말 부자가 되고 싶다면, 경제적 자유를 이루고 싶다면 지금 더 간절하고 처절할수록 좋다. 잘사는 친구가 부럽다면 단순히 부러워하는 마음에서 그치지 말고, 더욱더 강하게 질투하라. 그리고 그 에너지를 건강한 열정으로 치환하여 부자 에너지로 만들어라. 수입차가 미친 듯이 타고 싶다면, 명품백이 너무도 갖고 싶다면 오히려 그러한 마음이 드는 것에 감사하라. 이런 마음들이 곧 부자가 될 '에너지'가 되어줄 것이기 때문이다. 더 넓은 집에서 살고 싶다면, 매월 나오는 꾸준한 현금흐름이 너무도 간절하다면 그 간절함

 평생 돈 걱정 없이 사는 월세 로봇 만들기

으로 더욱더 열심히 공부하고 투자에 열중하라. 당신이 부자가 되고 싶은 이유가 노골적일수록, 유치할수록 더 큰 원동력이 되어줄 것이다.

부자가 되기 위한 제2원칙은 '새는 돈을 막는 것'이다. 많은 사람들이 '부자'와 관련해서 크게 오해하고 있는 것 중 하나가 부자들은 대범하고, 통이 크고, 돈을 쉽게 쉽게 잘 쓴다고 생각하는 것이다. 이는 대중매체가 만들어낸 부자에 대한 '잘못된 이미지'이기도 하고 실제 부자가 아닌, 겉모습만 부자로 보이고 싶어 하는 이들의 행태를 보고 오해한 것일 수도 있다.

내 주변의 부자들은 절대 함부로 지출을 하지 않는다. 그들은 다들 하나같이 '절약가'다. 좀 더 정확히 말하자면 쓸데없는 곳에 절대 돈을 낭비하지 않는다. 내가 개인적으로 화가 나는 순간은 당장 나가지 않아도 되었을 돈이 나의 실수와 착오로 인해 나가게 되었을 경우다. 금액의 크기는 오히려 중요치 않다. 건전지가 떨어진 줄 알고 사왔는데 알고 보니 서랍 한 구석에 새 건전지가 있었다든가, 음식물 유통기한이 지나 결국 그 지출의 값어치를 하지 못하고 버리게 생겼을 때와 같은 사소한 경우도 마찬가지다. 전자는 어차피 쓸 것이기에 상관없을 수도 있지만 돈과 시간에 대한 기회비용 면에서 당장 쓰지 않아도 될 돈을 썼기 때문에 기분이 나쁜 것이고, 후자는 말 그대로 그냥 돈을 날려버렸기 때문에 기분이 나쁜 것이다. 돈이 쓸데없는 곳으로 새어 나가도록 내버려 두었기 때문이다. 비록 미미한 액수일지라도 이러한 사고방식은 내가 투자나 비즈니스를 하는 데 있어서 많은 도움이 된다. 그만큼 나는 늘 돈이 새어나가는 것을 경계하고 있다.

그동안 크게 의식하지 않고 썼던 수많은 택시비들, 그다지 나갈 필요도 없었고 또 그리 즐겁지도 않았던 술자리에서 썼던 몇 만 원의 술값들, 수시로 물건을 잃어버리고 사고를 반복하며 썼던 돈들, 그 모든 돈들을 나중에 한번 결산해본다면 깜짝 놀랄 것이다. 분명 가까운 곳으로 해외여행 한 번쯤은 충분히 다녀올 만한 액수일 것이다. 그런데 이런 사람들이 정작 해외여행 가는 이들에겐 "부럽다" "돈 많아서 좋겠다"라는 말을 꺼낸다.

어차피 월급이란, 월수입이란 고정되어 있는 것이다. 고만고만한 월급을 받으면서 큰돈을 턱턱 쓰기는 힘들 것이다. 그러면서 스스로를 절약가라, 낭비벽이 없는 사람이라 생각할지도 모른다. 하지만 그보다 더 중요한 것은 작은 지출을 없애는 것이다. 쓸데없는 지출, 새는 돈들을 철저히 막아야 한다. 남의 돈을 내 주머니로 들어오게 하기가 얼마나 힘든가. 월급이라는 것이 얼마나 소중한 돈인가. 때로는 안 좋은 소리도 들어가며 한 달간 내 노동력, 시간, 에너지 등과 맞바꾼 것 아닌가. 그런데 언제까지 그렇게 힘들게 번 돈이 허무하게 빠져나가도록 내버려둘 것인가.

지금 이 순간, 당신의 지난달 카드내역을 한 번 들여다보라. 부동산 투자법을 배워 부자가 되겠다고 생각하기 전에 새는 돈을 철저히 막는 것이 우선이다.

부자가 되기 위한 제3원칙은 '부동산 투자에 대한 편견을 버리는 것'이다. 대한민국 국민들에겐 묘한 이중성이 있다. 대기업을 욕하면서 대기업에 들어가고 싶어 하고, 부동산 투자로 돈 번 사람들을 투기꾼이라고 욕하면서 정작 자신도 건물에서 월세 받으며 살고 싶어 한다. 부동산 경매는 또 어떠한가. 남의 아픔을 이용해 돈을 버는 것이라느니, 경매 물건은 재수가 없다느니 하는 생각을 가진 사람들이 아직도 많다(경매의 메커니즘을 조금만이라도 들여다본다면 낙찰자의 모든 행위는 절대 '선'이라는 것을 알게 될 것이다).

또 부동산 투자는 돈 많은 사람들만 할 수 있다고 생각하거나, 부동산은 시간 많은 사람들이나 하는 것이지 매일같이 직장에 얽매여 있는 사람은 할 수 없다고 생각하는 것 또한 매우 잘못된 편견들이다. 부동산 투자는 돈 많고 시간 많은 사람들만 하는 게 아니다. 부동산 부자들이 금전적, 시간적 여유가 많아 보이는 이유는 오랜 기간 동안 부동산 투자를 해온 결과물 덕분이지 처음부터 그런 모습이었던 것은 아니다. 오히려 돈이 없고 시간이 없을수록 해야 하는 것이 부동산 투자다.

내가 운영하는 인터넷 카페 〈젊은부자마을〉에서 만나는 수많은 투자자들은 하나같이 하루하루를 바쁘게 보내는 직장인들이다. 칼퇴를 할 수 있는 경우는 극히 드물고, 대부분 밥 먹듯이 야근을 한다. 그런데도 이들은 평일 저녁 또는 주말 이른 시각에 시간을 내서 부동산 강의를 듣는다. 또 1~2주에 한 번씩은 임장이라고 하여, 부동산 현장답사를 떠난다. 본인이 원하는 목표, '경제적 자유'에 대한 꿈이 있기에 지친 몸을 이끌고서라도 힘을 내는 것이다. 그 간절함 덕에 상당히 짧은 시간 내에 많은 액수의 월세 시스템을 갖춘 이들도 많다.

그렇다고 부동산 투자를 하려면 무조건 매일같이 현장을 찾아다니며 바쁘게 지내야 하는 것도 아니다. 그렇게 바쁜 것은 월세 로봇을 세팅할 때까지만이다. 경매를 예로 들면 그전에 현장답사, 시세 조사, 입찰을 위한 법원 방문, 낙찰 후 명도, 수리, 임대 등의 매 단계마다 현장을 수시로 방문해야 하지만, 한 번 세팅이 되고 나면 이후에는 다시 방문할 일이 없다. 1년 후, 2년 후 재계약 때나 갈까? 그런데 사실 요즘은 이마저도 원격으로 많이 처리하는 경우가 많다.

많은 돈이 필요하다는 것 또한 오해다. 사람들은 지금 당장 희망이 보이지 않을수록, 답이 보이지 않을수록 극단적으로 생각하는 경향이 있다. 그래서 부동산 투자라고 하면 자신과는 별개의 일로 취급하고, 돈 많은 이들이나 하는 것이라고 생각한다. 내가 지금 권하고 싶은 부동산은 몇 십억의 물건이 아니다. 사실 몇 억의 물건도 아니다. 겨우 1~2억대의 물건이다. 1~2억도 상당히 큰돈인데 '겨우'라는 표현을 쓴 이유는 부동산 투자를 하는 데 있어 내 현금이 그만큼 필요한 것이 아니기 때문이다. 월세 로봇을 세팅하는 데 있어 통상적으로 대출을 70~80% 받는다(때에 따라서는 90%까지 받기도 한다). 그럼 1억짜리 물건의 경우 80%의 대출을 받으면 필요한 종잣돈은 2,000만 원뿐이고, 사실 결과적으로는 이마저도 들어가지 않는다. 왜? 임차인에게서 받는 임대보증금이 있기 때문이다. 임

　평생 돈 걱정 없이 사는 월세 로봇 만들기

대보증금으로 2,000만 원을 받았다면 내 돈은 한 푼도 들지 않는 것이고, 1,000만 원을 받았다면 1,000만 원이 들 것이며, 2,500만 원을 받았다면 오히려 500만 원이 추가적으로 더 생기는 것이다. 이렇듯 부동산 투자는 생각보다 그리 큰돈이 들지 않는다. 특히나 월세 로봇을 만드는 데 있어서는 더욱더 그렇다.

많은 사람들이 빚, 대출에 대한 편견을 갖고 있다. 아무래도 부동산 투자를 하다 보면 최소 몇 천, 몇 억 원의 빚을 지게 되는데 이런 것을 두려워하는 것이다. 특히나 살면서 대출을 한 번도 안 받아온 사람들이라면 더할 것이다. 하지만 크게 두려워할 것이 없다. 처음에만 어색할 뿐 부동산 투자에 있어 대출을 받는 것은 어찌 보면 당연한 행위다.

빚에도 좋은 빚과 나쁜 빚이 있다. 부동산을 구입하면서 받는 억대의 빚은 쇼핑을 위해 신용대출을 받는 것보다 안전하다. 소비를 위한 소모적인 행위가 아니라 자산가치의 증대를 위한 레버리지이기 때문이다. 특히나 단순 거주용이 아닌 월세 로봇 부동산 투자에 있어서는 훨씬 더 적극적으로 대출을 활용해야 한다. 왜? 그 대출 이자를 내가 내는 것이 아니기 때문이다.

행여 부동산 가격은 떨어지고, 그것을 위해 받은 대출 이자만 갚느라 매달 허덕이게 될까 봐 걱정할 수도 있다. 하지만 월세 로봇 투자는 이 리스크에서 비교적 자유로운 편이다. 애초에 시세보다 싼 가격에 사서 진입시점부터 수익을 남기고 들어가며, 다달이 납부하는 대출 이자도 나의 노동력과 시간을 팔아 번 월급으로 내는 것이 아니라 매달 임차인에게서 받는 월세에서 충당하기 때문이다. 즉, 대출 이자를 애초에 월세에서 비용으로 계산하고 투자하는 것이기에 월세 로봇을 만드는 데 있어서 대출의 활용은 언제나 적극 권장한다. 오히려 대출은 받을 수 있을 만큼 많이 받는 것이 좋다. 그저 부동산을 비싸게 사지만 않으면 된다.

자, 이제 월세 로봇 만들기 워밍업은 끝났다. 그럼 이제부터 본격적으로 월세 로봇 투자에 대해 알아보도록 하자.

승리하는 투자자에게는
특별한 것이 있다

1개월 반 만에 5,000만 원 벌기

8월 뜨거운 여름날, 홀로 아파트 분석을 하다가 지인 중 시간이 맞는 네 분과 평일 임장을 진행했다. 추석 연휴 전에 무조건 해놔야 한다고 생각해 당일 열심히 이곳저곳을 돌며 설명을 해드렸다. 아파트 몇 곳을 비교해가며 같이 둘러보기도 했다. 그날 답사는 유익하게 끝났다. 답사 후 한 분이 지속적으로 질문을 해왔다.

"제가 선호하는 동향에 1층 아파트 매매가가 5억 6,000만 원인데 전세(4억 6,000만 원) 만료가 1년 남았네요. 매매가와 전세가 차이가 1억인데 대출로 3,000~3,500만 원을 받고 6,500~7,000만 원 정도를 투자한다고 생각하는 건 어떨까요? 향후 실거주까지 생각하고 있습니다."

그는 나와 계속해서 의견 교류를 하다 두 건을 매입했다. 2개월이 채 지나지 않은 지금 각각의 성과는 다음과 같다.

1번 물건: 매입가 4억 1,000만 원 → 현재 4억 3,000만 원 밑으로 매물 없음

2번 물건: 매입가 5억 6,000만 원 → 현재 6억 원 호가, 5억 9,000만 원 선에서 거래 가능

1개월 반의 성과 치고는 꽤 좋지 않은가?

성공하는 부동산 투자자에게 있어 가장 중요한 건 무엇일까. 공부? 분석력? 자금? 발품? 인맥? 투자 조언자(멘토)? 바로 '용기'다. 최종 단계에서의 그 두려움과 갈팡질팡하는 마음을 이겨낼 수 있어야 한다. 그게 없으면 결국 모든 과정은 의미가 없다. 물론 앞서 언급한 것들이 밑바탕에 깔려 있어야 하는 것은 물론이다. 그저 무식하게 용기만 있는 것도 경계해야 할 일이다.

10년 정도 투자를 하다 보니 투자라는 게 참 묘하다는 것을 느낀다. 나에게는 투자자로서의 어떤 동물적 본능 같은 것이 내재되어 있는지도 모르겠다. 젊은 나이에 어른들의 세계에 너무 일찍 들어옴으로써 생긴 후천적 결과물일지도 모른다. 내가 피땀 흘려 모은 소중한 종잣돈을 어른들의 세계에서 어떻게든 지켜내야 한다는 생

　　　　평생 돈 걱정 없이 사는 월세로봇 만들기

존 본능, 동물적 감각이 발동을 했을 수도 있다. 그런데 이런 것이 투자를 하는 데 있어서는 참으로 중요하다. 어떤 눈에 보이는 지식, 말로 설명할 수 있는 논리와는 별개의 그 어떤 것, 즉 승리하는 투자자에게만 있는 본능적 감각 같은 것 말이다. 투자자에게 진짜 중요한 것이란 바로 이런 것이라 생각한다.

부동산 투자는 공부만 많이 하고, 책만 많이 읽고, 강의만 많이 듣는다고 돈을 벌 수 있는 그런 일차원적인 행위가 아니다. 승리하는 투자자는 '변화'를 예의 주시하고 있는 사람이다. 부동산 투자시장에는 때, 흐름, 변화라는 게 있다. 그 흐름과 타이밍을 느끼고 결단력을 내릴 수 있는 용기가 있는 자가 돈을 번다.

흔히 재테크 관련 책들을 보면 준비를 완전히 마친 뒤 뛰어들라고 한다. 하지만 그런 때는 오지 않는다. 변화를 느껴야 한다. 그리고 어느 정도 확신이 들면 용기를 내서 뛰어들어야 한다. 100% 확신이 드는 때란 없다. 그런 때는 이미 대중이 알아챈 뒤고, 낼 만한 수익도 얼마 남아 있지 않다. 오히려 내 것을 빼앗기지만 않아도 다행인 것이다.

당신은 변화를 읽을 수 있는가. 세상의 미묘한 흐름을 읽어낼 수 있는가. 많이 보고 경험하라. 세상의 모든 것에 촉수를 곤두세워라. 당신의 오감을 늘 세상 밖으로 열어두라. 끊임없이 관찰하라. 돈은 결국 그 속에 있는 것이다.

2

월세 로봇, 어떻게 만들까

초보 투자자도 월세 로봇을 소유할 수 있다

월세 투자자의 기본 포지셔닝인 다음의 두 가지만 기억하고 진도를 나가보도록 하자. 월세 로봇 투자를 하는 데 있어서 의사결정 요소들은 수도 없이 많지만, 결국 핵심은 두 가지로 요약된다. 이는 결코 전부가 아니면서, 또 어찌 보면 전부이기도 하다. 월세 투자를 많이 하다 보면 무슨 뜻이지 이해가 될 것이다. 지금은 일단 머릿속에 입력이라도 하고 넘어가도록 하자.

월세 로봇 초보 투자자가 기본적으로 추구해야 할 포지셔닝은 다음과 같다.

① 낮은 투자금(무피 혹은 플러스피면 더 좋음)
② 높은 수익률

보다 상세한 설명은 이후 내용을 진행하면서 하나씩 풀어 쓰는 것으로 하고, 일단 지금은 이 정도만 기억해도 좋다. 즉, 적은 실투자금을 쓰면서 최대한 높은 수익률을 기대한다는 것이다. (물론, 물건의 개수가 늘어나고 사이즈가 커짐에 따라 투자금이 더 들더라도, 수익률이 조금은 떨어지더라도, 안정지향적으로 움직이는 것이 좋다. 다만, 소액 투자자인 단계에서는 철저히 투자금을 적게 쓰며 높은 임대수익률을 기대하는 쪽으로 투자 포지셔닝을 잡는 것을 추천한다.)

월세 로봇의 종류도 한 번 살펴보도록 하자.

지금부터 설명하는 건축물의 구분은 흔히 말하는 건축법에서의 구분과는 조금 차이가 있다. 철저히 부동산 투자자 입장에서, 부동산을 하나의 수익모델로 보고 접근하는 방식이다. 일반적으로 소액 초보 투자자가 월세 로봇을 만들 수 있는 부동산에는 다음과 같은 종류가 있다.

1. 소형아파트

2. 빌라

3. 오피스텔

순서대로 보면 소형아파트, 빌라, 오피스텔 순이다. 이 투자 상품들은 비교적 투자금이 적게 들고(실투자금 2,000만 원 미만으로 월세 로봇 세팅 가능), 공실 리스크가 적다는 점과 수요자가 많다는 점, 초보 투자자가 공부해야 할 것이 상대적으로 적다는 면에 있어 월세

 평생 돈 걱정 없이 사는 월세 로봇 만들기

로봇 만들기에 수월하다고 할 수 있다. 이외에도 아파트형 공장, 쉐어하우스, 고시텔 같은 것들도 있긴 하지만 이는 당장 초보 투자자가 뛰어들기에는 무리가 있으므로 제외한다. 그러다 월세 로봇의 수준이 올라가면 다음과 같은 부동산에 투자할 수 있다.

4. 근린상가

5. 다가구주택

6. 꼬마빌딩(상가주택)

7. 1층 상가

8. 공장(창고)

9. 내 상가에서 사업하기

하지만 이 역시 자금적인 면에서나 투자 실력적인 면에서 볼 때 당장은 현실적으로 불가능하므로 지금은 논외로 한다. 자금이 억대의 큰돈이 들어가야 하고(물론, 레버리지를 잘 활용했을 경우, 최종 세팅 시 실투자금이 적게 들 수는 있다. 하지만 최종 세팅단계까지 일시적으로 큰돈이 들어갈 것은 늘 염두에 두어야 한다.), 상대적으로 많은 공부가 필요하다는 면에서 초보가 섣불리 뛰어들기는 어렵기 때문이다. 물론 언젠가는 이런 수준에까지 뛰어들 수 있도록 노력해야 하겠다.

아파트로
월세 로봇 만드는 법

그럼 월세 로봇으로 적합한 첫 번째 물건, 아파트부터 살펴보도록 하자. 기본적으로 알아둬야 할 것은, 아파트는 갭 투자물건이지 월세 로봇, 즉 수익형 투자에 적합한 부동산은 아니라는 것이다. 아파트에서 월세를 받고 싶다면 다음의 명제를 늘 기억해야 한다.

"갭 투자로 세팅한 뒤 추후
반전세로 전환하라!"

좀 더 축약해서 표현하자면 이렇게 말할 수도 있다.

"선(先) 갭(gap), 후(後) 월세 로봇!"

평생 돈 걱정 없이 사는 월세 로봇 만들기

아파트는 갭 투자로 접근해야 한다. 그리고 추후 시세차익을 거두면 반전세로 세팅을 전환하면서 월세 로봇화 하는 것이 좋다. 아파트는 투자시점의 '수익률'을 계산해봤을 때 월세 로봇으로서의 메리트를 많이 느끼지 못하기 때문이다. 물론 수도권 외곽이나 지방 읍에 소재한 6층 미만의 저층 아파트들은 처음부터 월세로 세팅해도 괜찮다. 아니, 월세로 세팅해야 한다. 왜? 매매가가 잘 안 오르기 때문이다.

갭 투자는 보통 2~4년의 사이클로 움직인다. 다시 말해 기본적으로 전세 갭 투자를 하는 투자자들의 심리적 저항기간은 최대 4년이다. 5년 뒤에 시세가 뛸 것을 기대하고 갭 투자를 하는 사람은 거의 없다. 보통 전세계약을 2년 단위로 하므로 빠르면 2년, 길게는 사이클을 한 번 더 돌려서 4년까지 보고 투자에 들어간다. 그 이상의 인내심이 갭 투자자들에게는 없는 것이다. 그게 갭 투자자의 비극이다.

4년 이상, 길게는 10년까지 바라본다면 투자할 곳은 넘쳐난다. 큰 시세차익을 맛볼 수 있는 곳도 넘쳐난다. 하지만 그런 인내심을 갖기는 좀처럼 힘들다. 그만큼 기다릴 수 있는 끈기가 없는 것이다. 사실 정말 투기적 성격이 강한 갭 투자자들은 2년 이상도 못 기다리는 것이 현실이다. 대개의 경우 갭 투자는 2년에서 4년 내에 오를 곳을 찾는 게임이다. 그러면서도 매매가와 전세가의 갭이 적어 실투자금이 적게 드는 물건을 찾는다. 그래서 이때는 '입주물량'이라는 요소가 상당한 영향을 끼치게 된다.

아파트라는 것이 보통 착공 후 입주 때까지 걸리는 '물리적 시간'이 있기 때문에 그 기간 사이의 입주 물량을 전수 조사하여 데이터화한다면 충분히 그 성공 확률을 높일 수 있는 것이다. 실제 지인 중에 이를 투자에 적용하는 이가 있는데, 그의 성공률은 상당히 높은 편이다. 그는 입주 물량이 많은 곳은 철저히 피함으로써 공급폭탄의 지뢰를 피해가고, 입주 물량이 적은 곳을 택함으로써 가격하락 역시 피해가고 있다. 시점이나 타이밍과 관련해서 어느 정도 오판이나 차이가 있을 수는 있지만, 장기적으로 본다면 손해 볼 확률은 극히 적기 때문이다.

부동산 가격은 기다리면 결국 오르게 되어 있다. 그만큼 갭 투자를 하는 데 있어서 핵심은 입주 물량 파악이다. 여하튼 그런 식으로 2~4년 내에 성공적인 갭 투자를 진행했다고 할 때 그 이후 투자자가 선택할 수 있는 대안에는 크게 세 가지가 있다. 이를 통해 '월세 로봇'을 만들 수 있다.

먼저 전세금을 올려 받아 그 돈을 투자금으로 활용하여 빌라나 오피스텔 등 월세 로봇에 적합한 부동산을 새로 매입하는 방법이 있다. 이는 해당 아파트 값이 더 올라갈 것 같아 장기보유해도 좋을 것으로 판단되거나 세금 등의 문제로 당장 매도할 수 없는 경우에 해당한다.

그다음 매도하여 차익실현을 하고, 그 수익으로 역시 빌라나 오피스텔 등 월세 로봇에 적합한 부동산을 새로 매입하는 방법이 있다. 이는 해당 아파트 값이 더 이상 오르지 않을 것 같거나 꼭지라

 평생 돈 걱정 없이 사는 월세 로봇 만들기

고 판단될 때, 그러면서도 세금 면에서도 문제될 게 없을 경우에 해당한다.

끝으로 전세로만 세팅되어 있던 것을 담보대출과 반전세의 형태로 전환하는 방법이 있다. 이는 맨 처음 방법처럼 해당 아파트 가격이 앞으로도 꾸준히 우상향을 보일 것 같고, 개인적으로도 애착이 가서 좀 더 보유하고 싶을 때 선택하는 방법이다. 그러면서도 이제 단순 갭 투자보다는 매달 월세를 따박따박 받고 싶은 투자자들, 오피스텔이나 빌라 투자에는 구미가 당기지 않는 투자자들에게 적합한 방법이다.

이 세 가지 중 본인의 성향과 상황에 맞는 것을 선택하면 된다. 특히 2014년 말부터 2015년, 그리고 2016년 여름까지 수도권 중소형 아파트에서 갭 투자로 재미를 본 투자자들이라면 그다음 단계를 고민해야 한다. (물론 발 빠른 투자자들은 이미 팔고 나왔다.) 투자를 시작할 때와 마찬가지로 본인이 투자한 지역의 향후 2~4년 입주 물량을 분석함으로써 출구방안을 연구해보자.

부동산 시장에 11년 가까이 발을 담그고 있는 투자자 입장에서 해줄 수 있는 조언은 처음부터 안 팔아도 되는 물건에 투자를 했으면 한다는 것이고, 입지적인 요소보다는 숫자와 통계에 많이 의존해서 투자를 진행했다면 적당히 수익을 거두었을 때 팔고 나오라는 것이다. 다음에 들어올 타자가 '나도 아직 먹을 게 많이 남아 있어'라는 생각이 들거나, 적어도 본인이 '이 물건은 좀 더 오를 것 같은데?'라고 생각될 때가 최적의 매도 타이밍이다. 이렇듯 늘 투자자는 반 발짝 앞서가야 한다.

※ 아파트 투자 시 참고 사이트

네이버 부동산   land.naver.com/
국토교토부 실거래가 공개시스템   rt.molit.go.kr/
한국감정원   www.kab.co.kr/
온나라부동산정보 통합포털   www.onnara.go.kr/
KB부동산   nland.kbstar.com/
KOSIS 국가통계포털   kosis.kr/
부동산114   www.r114.com/
닥터아파트   www.drapt.com/

아파트 투자 시 주의할 점

아파트는 대한민국 부동산 시장의 대표 상품인 만큼 그 종류가 매우 다양하다. 따라서 그 투자법에 대해 짧게 한두 페이지로 요약한다는 것은 현실적으로 불가능하다. 아파트 하나만을 주제로 해도 책 한 권은 족히 나올 분량이니 말이다. 따라서 여기서 언급하는 아파트 투자 시 주의할 점은 철저히 월세 로봇용, 임대수익용 투자에 해당함을 미리 밝힌다.

너무 싼 아파트에는 투자하지 말 것

월세 로봇 만들기에 집중하다 보면 시간이 흐를수록, 물건 개수가 늘어날수록 투자금은 점점 더 줄어들게 된다. 그래서 돈 한 푼의 소중함을 느끼고, 자연스레 실투자금을 줄이려는 노력으로 이어진다. 그런데 이때 주의할 것이 있다. 투자금을 줄인답시고 너무 싼 물건을 사려고 해서는 안 된다는 것이다. 여기서 싸다는 것은 가치 대비 가격이 싼 물건을 의미하는 것이 아니라, 절대 가격 자체가 너무 저렴한 물건에 집착하지 말라는 것이다. 그것이 아파트라면 더더욱 그렇다.

저렴한 아파트에는 다 이유가 있다. 대개 수도권 외곽, 교통이 매우 불편한 곳에 소재한 낡은 아파트의 매매가가 5,000만 원~1억 정도로 싼 편이다. 그러나 싸다고 해서 이런 물건에 함부로 투자해서는 안 된다. 매매가 대비 월세가의 비중이 상당히 낮기에 월세 임대 수익률로 접근하면 답이 나오질 않고, 그렇다고 전세 갭 투자를 하기에도 여의치 않다. 말 그대로 '계륵' 같은 존재인 것이다.

또한 낡은 물건들의 경우, 임대를 세팅하여 보유하고 있다 보면 이런저런 각종 소모품 교체비용이 발생하게 되는데, 지나치게 싼 물건은 월세 순익 자체가 너무 적기에 그러한 소소한 비용도 결코 작게 느껴지지 않는다. 결국 배보다 배꼽이 더 큰 상황까지 벌어질 수 있다.

투자금이 적게 든다고 함부로 낡은 아파트를 사지 말라. 어쩌면 대대손손 물려줘야 하거나, 그간 받은 월세를 다 토해내고도 손해가 날 만큼 가격을 낮춰 팔아야 겨우 빠져나올 수 있을지도 모른다.

입주물량을 정확히 파악해야 한다

입주물량 파악은 아파트 투자의 가장 중요한 핵심 요소 중 하나다. 어찌 보면 지극히 상식적인 것이다. 내가 투자하고자 하는 지역에 공급 예정 중인 물건이 지나치게 많다면 그 부동산의 가격은 당연히 빠질 수밖에 없다. 수요-공급의 원칙은 모든 만물에 적용되는 기본 중의 기본이기 때문이다. 따라서 아파트 투자를 할 때에는 나의 관심 지역의 입주물량 정도는 완벽히 파악하고 있어야 한다.

일반적으로 전세 갭 투자를 함에 있어 향후 2~3년간 입주 대기 중인 물량이 넘쳐난다면 그 지역은 철저히 피해야 한다. 전세가가 올라갈 확률은 거의 없고, 이는 매매가까지 흔들리게 할 우려가 있기 때문이다.

그러나 아파트를 통해 월세 로봇을 만들 때에는 조금은 다른 접근 방식이 필요하다. 이는 실거주의 경우도 적용되는 얘기라 할 수 있다. 아파트 투자는 입주물량 파악을 핵심으로 하되, 월세 로봇 투자를 하는 경우라면 당장의 2~3년 뒤 입주물량이 아니라 3년 뒤 혹은 4년 뒤 이상의 미래를 그리며 투자할 수 있어야 한다는 점이다. 아파트로 월세 로봇을 만들려는 투자자에게 해당 지역 향후 2~3년 입주물량이 넘쳐난다는 것은 굉장히 좋은 소식이다. 분명 매매가가 처참히 깨져 있을 것이고, 이는 월세 세팅을 했을 때 임대수익률 면에서 매우 훌륭하다는 것을 의미한다. 또한, 월세 투자를 한다는 것은 어차피 향후 2~3년간은 팔지 않겠다는 의미이기도 하기에 입주

물량은 장애물이 전혀 아닌 셈이다. 오히려 다른 투자자들의 진입을 막아주는 좋은 장치인 것이다. 갭 투자자들의 경우, 향후 2~3년 간 공급이 많은 지역은 진입할 생각 자체를 아예 하지 않기 때문이다. 그렇게 싼 가격에, 상대적으로 높은 임대수익률로 세팅하여 월세를 받다 보면, 시간이 흐른 후에 매매가격은 자연스레 다시 회복된다.

아파트로 월세 로봇을 만들려는 당신, 향후 2~3년 입주물량이 너무도 많아 아파트 가격이 크게 빠져 있는 지역을 공략하라!

나홀로 아파트를 피하라

아파트라는 상품의 특성을 생각해보자. 아파트란 무엇인가. 집합건물이다. 한 세대가 아닌 여러 세대가 모여 하나의 집단을 이루고 사는 물건이 바로 아파트다. 그렇기에 해당 아파트의 세대수가 크면 클수록 유리하다. 세대수가 많다는 것은 거주 중인 사람들이 많다는 뜻이고, 거주민이 많다는 것은 그에 따른 기타 편의시설의 수요 또한 많다는 의미가 된다. 그리고 나아가 결국 돈은 사람이 많은 곳에 몰리게 되어 있다는 점을 잊으면 안 된다.

세대수가 많은 아파트를 공략하라. 1,000세대가 넘는 아파트라면 당연히 좋고, 적어도 500세대 이상이어야 교통도 편리하고 편의시설도 잘 갖추어져 있다. 가격을 방어하는 데 있어서도 큰 이점

    평생 돈 걱정 없이 사는 월세 로봇 만들기

으로 작용한다. 사람 눈은 어쩌면 다 똑같다. 깨끗하고, 단지가 크고, 단지 내에 각종 편의시설 및 공원, 유치원, 초등학교 등이 잘 갖춰져 있는 곳을 싫어하는 사람은 없다. 단순히 임대수익률이 좋다고 해서, 매매가와 전세가의 갭이 적다고 해서 함부로 나홀로 아파트를 사지 말라. 갖추어진 것이 없기에 가격이 큰 폭으로 오르지 않고, 추후 매도할 때에도 상당히 고생할 수 있기 때문이다.

다만, 해당 아파트는 분명 나홀로 한 동짜리 아파트임에도 불구하고, 주변에 여러 아파트 단지들이 섞여 있어 마치 대단지 아파트와 같은 느낌이 난다면 이는 예외에 속한다. 대단지 아파트가 누리는 각종 프리미엄을 같이 누릴 수 있는 동시에 가격은 상대적으로 저렴하므로 오히려 좋은 투자 기회가 될 수도 있다.

지역 자체의 가치가 상승해야 한다

특히나 지방 투자를 할 땐 반드시 명심해야 할 핵심 포인트다. 나는 종종 내가 운영하는 카페 〈젊은부자마을〉의 회원분들과 함께 지방 아파트 임장을 가곤 한다. 그때 지역 선정을 하는 데 있어 가장 먼저 중점을 두고 살피는 부분은 임대수익률도, 입주물량도 아니다. 1순위로 제일 먼저 따지는 것은, 그 지역 자체가 점점 좋아지고 있느냐다.

그렇다면 지역이 좋아진다는 의미는 무엇일까? 핵심은 해당 지역의 인구가 꾸준히 늘어나는 곳이어야 한다는 것이다. (지방 투자에 있어 인구 증감에 대한 분석은 매우 중요하다.) 단순히 임대수익률이 좋다고 해서 아무 지방에나 가서는 절대 안 된다. 특히나 관련 산업이 전멸함으로 인해 급격히 인구가 빠지고 있는 지역은 결코 들어가서는 안 된다.

지역의 인구는 왜 늘어나는 것일까? 언제 늘어나는 것일까? 결국은 '일자리'다. 일자리가 늘어나는 곳이어야 한다. 큰 관공서가 들어오거나, 산업단지가 형성되면 금상첨화다. 도로망이 좋아짐으로 인해 일자리가 많은 곳과의 연결이 원활해지는 것도 좋다.

어쨌든 핵심은 일자리가 늘어나고, 그로 인해 해당 지역에 거주할 수요가 많아질 때 집값이 오르는 것이다. 우리네 인생이 결국은 '밥벌이'이기 때문이다. 그렇기에 늘 경제기사를 가까이 하는 습관을 들일 필요가 있다. 매일매일 읽으며 큰 기사보다는 작은 토막기사에 집중하자. (큰 기사가 났을 땐 이미 들어가기에 늦은 타이밍이다.)

변화의 흐름을 읽자. 정부기관의 움직임, 기업들의 움직임을 예의주시하자. 결국 돈이란 사람이 늘어나는 곳에서 흐르는 법이다.

   평생 돈 걱정 없이 사는 월세 로봇 만들기

빌라로
월세 로봇 만드는 법

빌라는 외관상으로 구분하는 게 아니다. 우선 빌라의 종류 부터 살펴보도록 하자.

① 다가구주택

② 다세대주택

③ 연립주택

이 셋을 외관상 구분하는 것은 큰 의미가 없다. 다만 공부하는 차원에서 설명을 보태자면 다가구주택 vs 다세대주택·연립주택 구도가 성립된다. 여기서 필요한 것이 건축법에 대한 이해다. 우리나라 건축법상 주택은 크게 단독주택과 공동주택으로 나뉜다.

<단독주택>	<공동주택>
단독주택	아파트
다중주택	연립주택
다가구주택	다세대주택
공관	기숙사

다가구주택은 단독주택에 포함되는 주택의 용도로서 연면적 660제곱미터 이하, 3층 이하의 주택을 말한다. 연립주택, 다세대주택 등과의 핵심적인 차이점은 구분 소유가 불가능하다는 것이다. 다가구주택은 세대별로 등기를 따로 할 수 없다. 그렇기에 분양 또한 할 수 없다. 쉽게 말해 건물 전체가 한 소유자에게 귀속되는 것이다. 하지만 연립주택과 다세대주택은 다르다. 이 둘은 세대별로 등기를 따로 할 수 있으며, 분양 또한 따로 할 수 있다. 즉, 소유자가 여러 명인 것이다. 다가구주택은 건물 한 동 전체의 소유자가 한 명인데 반해, 연립주택과 다세대주택의 경우 201호, 202호, 301호 등 각 호수의 주인이 다 다른 것이다. (물론 한 명이 여러 개를 샀다면 주인은 같을 수 있다.)

우리가 일반적으로 이야기하는 빌라는 다가구주택이 아닌 연립주택과 다세대주택을 의미한다. 다가구주택은 우리가 흔히 '건물주'라는 표현을 쓸 때 그 대상물을 의미하는 부동산이다.

다세대주택은 1개동에 연면적 660제곱미터 이하, 4층 이하의 부동산을 의미하고, 연립주택은 1개동에 연면적 660제곱미터 초과, 4

  평생 돈 걱정 없이 사는 **월세 로봇 만들기**

층 이하를 의미한다. 하지만 투자자 입장에서 이 둘을 구분하는 것은 큰 의미가 없는 것이 사실이다. 그러므로 지금부터는 다세대주택과 연립주택, 이 둘을 통칭하여 '빌라'라고 하겠다.

나는 소액 초보 투자자들에게 월세 로봇의 출발점으로 빌라를 많이 추천하는 편이다. 여기서 '초보'란 처음 부동산에 투자하는 사람을 의미하고, '소액'이란 종잣돈 2,000만 원 이하를 의미한다. 만약 당신이 태어나서 처음으로 월세 투자를 하는 사람이라면 이 두 가지만 기억하자.

첫째, '빌라'로 시작한다.

둘째, 첫 투자에 종잣돈 '2,000만 원' 이상은 절대 쓰지 않는다.

빌라가 좋냐, 아파트가 좋냐는 질문을 던졌을 때 대한민국 사람 열에 아홉은, 아니 전부가 당연히 아파트가 좋다고 할 것이다. 사실 비교 자체가 불가능하다. 하지만 월세 로봇을 생각했을 때 "둘 중 뭐가 좋아요?"라고 묻는다면 나는 당연히 빌라가 더 좋다고 말할 것이다.

월세 로봇의 성공 여부는 결국 '수익률'로 판단된다. 단순 시세차익용 투자가 아닌 임대수익을 목적으로 하는 투자를 하고자 한다면 빌라가 아파트보다 더 위에 있다. 그리고 이제 막 수익형 투자를 시작하고자 하는 초보 투자자라면 빌라는 그에 딱 맞는 상품이다.

빌라 투자의 본질은 다음과 같이 정의할 수 있다.

빌라 투자 = 소액의 종잣돈을 투자하여 임대수익을 극대화하는 것

만약 종잣돈이 너무 많이 묶인다거나, 임대수익이 낮다면 빌라 투자를 할 필요가 없다. 이 경우 아파트에 투자하는 것이 훨씬 낫다. 하지만 월세 로봇을 만드는 것이 목적이라면, 매달 따박따박 월세를 받아 '경제적 자유'를 누리는 것이 목적이라면 빌라만 한 투자처는 없다는 사실을 명심하자. 나는 늘 초보 투자자들에게 이렇게 이야기한다.

"빌라에서 시작하라!"

빌라 투자 시
주의할 점

빌라 투자의 90%는 정확한 시세 파악이다

빌라의 경우 시세를 파악하기가 정말 어렵다. 그래서 빌라 투자 시 가장 많은 시간을 들여야 할 부분은 여러 부동산 중개업소를 오가며 정확한 '시세'를 확인하는 것이다. 좀 더 정확히 말하자면 경매 입찰 시 절대 써서는 안 될 '상한선'을 파악하는 것이다. 초보 투자자들의 경우 절대 권리분석으로 실수하는 일은 없을 것이다. 위험해 보이는 투자는 애당초 피해갈 것이기 때문이다. 초보 투자자들이 실수하는 원인 중 99%는 시세 파악의 오류다.

아파트는 온라인상에서도 충분히 시세 조사가 가능하다. 어려울 것도 없다. 포털사이트에 접속해서 단지와 면적을 클릭하면 현재 시장에 나와 있는 매물을 한눈에 파악할 수 있다. 그래서 아파트의 경우 단순히 시세 조사를 위해서라면 부동산 중개업소에 방문할 필요가 없다. 그보다는 시장 분위기를 감지하고 급매를 잡기 위해 안면을 트러 가는 것이다. 하지만 빌라는 다르다. 빌라 임장에서는 시세 파악이 절반 이상이다. 정확한 시세를 알아내는 것이 관건이다. 그 개별성이 아파트와는 비교할 수 없을 정도로 강해서 여간해서는 구체적인 금액을 파악하기가 쉽지 않기 때문이다. 면적, 연식, 구조, 층, 외관, 입지에 따라 워낙 다양한 것이 빌라 가격이다. 따라서 빌라의 시세 조사는 백 번, 천 번 강조해도 지나치지 않는다. 빌라 시세 조사와 관련해서 나만의 팁을 몇 가지 알려주자면 다음과 같다.

1) 연식과 면적을 세트로 조사하라!

초보 투자자들이 가장 많이 실수하는 부분이 연식과 상관없이 평수로만 시세를 따지는 것이다. 그런데 연식을 빼놓고 평수로만 시세를 따지면 차이가 너무 많이 난다. 같은 평수라도 신축 물건의 경우 2억 원을 훌쩍 넘는데, 1990년에 지어진 빌라는 8,000만 원밖에 안 하는 식이다.

빌라는 항상 면적과 연식을 세트로 생각하며 시세 조사를 해야 한다. 2000년 식 16평, 2010년 식 20평, 이런 식으로 말이다. 똑같은 면적을 찾는 것도 쉽지만은 않다. 내가 찾고자 하는 16평 물건이 없을 수도 있다. 그럴 때에는 15평, 20평 물건과 비교하며 시세를 유추해나가는 방법밖에 없다. 그만큼 정확한 시세를 뽑아내기가 쉽지 않은 것이다.

좀 더 정확한 방법은 실제 나온 매물을 눈으로 직접 확인하며 '비교'하는 것이다. 즉, 단순히 부동산에서 몇 년 식, 몇 평 물건의 시세가 어떻게 되느냐고 묻는 것에서 그치지 말고, 실제로 나와 있는 매물의 가격을 물어야 한다. 그리고 시간이 걸리더라도 직접 그 매물을 눈으로 확인한 뒤 내가 투자하고자 하는, 또는 경매에 현재 나와 있는 매물과 비교 평가하는 작업을 거쳐야 한다. '현재 2002년 식 18평 물건이 일반 매매로 나와 있는데 시세가 1억 5,000만 원이네? 이 경매 물건은 16평이고, 저것보다 조금 수준이 떨어지니까 절대 1억 5,000만 원 이상으로 써서 입찰하면 안 되겠네?' 하는 식으로 말이다. 이런 식으로 몇 개의 데이터를 뽑아보면 내가 절대 넘겨서는 안 되는 입찰 금액을 알 수 있다. 이를 나는 '입찰 상한선 금액'이라고 부른다. 그렇게 하면 빌라 투자를 하는 데 있어서 절대 시세로 실수하는 일은 없을 것이다.

명심하자. 빌라 시세 조사의 중요성은 아무리 강조해도 지나치지 않는다.

2) 역할놀이를 하며 시세 조사를 하라!

역할놀이를 하라는 것은 쉽게 말해 '연기'를 하라는 것이다. 어디서? 부동산 중개업소에서 말이다. 빌라 투자의 경우 아무래도 싸게 살 수 있는 가능성과 레버리지(대출)의 활용 때문에 경매로 매입할 것을 적극 추천한다. 그런데 경매 투자를 위해 부동산 중개업소에 방문했을 때 열에 아홉은 찬밥 신세가 되는 것이 사실이다. 당장 살 집을 구하는 손님이 아닌, 단순히 시세 파악만을 하기 위해 찾아온 사람이라고 하면 부동산 중개업소에서는 그리 친절을 베풀지 않는다. 특히 시커먼 남자 둘이서 방문했다가는 십중팔구 불친절한 대우를 받으며 쫓겨날 가능성이 크다. 남자 둘이 가느니 차라리 혼자 들어가는 편이 낫다.

부동산 중개업소에 실수요자 입장으로 방문하는 것과 단순 경매 투자를 목적으로 방문하는 것은 천지 차이다. 그런데 빌라 투자의 속성상 부동산 시세 조사가 워낙 중요하므로 연기를 해서라도 정확한 데이터를 뽑아오는 것이 중요하다. 이왕이면 '혼성'으로 짝을 이루어 방문하는 것이 좋다. 마치 (신혼)부부처럼 행동하면 사장님의 친절도와 시세 조사의 성과 면에서 어마어마한 차이를 보인다는 것을 알 수 있다. 여성 둘이서 가는 것도 나쁘지 않다. 아는 언니-동생, 또는 친구라며 룸메이트 입장에서 시세 조사를 하는 것이다. 이 경우 사장님들이 매우 친절하게 응대해주는 편이다.

이렇게 역할놀이를 통해 시세 조사를 하는 것은 굉장히 효과적이다. 하지만 일정 수준을 뛰어넘는 단계가 오면 그때는 오히려 솔직하게 접근할 것을 추천한다. 투자자라고 솔직하게 이야기하는 것이다. "나는 월세 투자를 하고자 한다. 가격은 이 정도를 원한다. 자금은 이 정도를 가지고 있다. 이런 물건에 관심이 있다"라고 말하는 것이다. 그러면서 유능한 중개인을 만나게 되면 좋은 관계를 맺어 오래도록 연을 이어가도록 해야 한다. 그래야 좋은 물건도 만날 수 있고, 후에 내 물건에 문제가 생겼을 때 관리를 부탁하는 관계로까지 발전할 수 있다.

좋은 입지가 아니라면 꼭대기 층은 피하라

빌라에서 가장 좋은 층은 어디일까? 3층 빌라에선 2층이 로열층이다. 4층 빌라에선 2층과 3층이 로열층이다. 5층 빌라에선 2~4층이 로열층이다. 물론 여기선 엘리베이터의 유무가 중요하다.

그렇다면 가장 안 좋은 층은 어디일까? 바로 꼭대기 층이다(반 지하 제외). 꼭대기를 피해야 하는 첫 번째 이유는 누수 때문이고, 두 번째 이유는 그로 인한 관리의 문제 때문이다. 빌라에서 한 번 누수가 생기면 절대 완벽히 잡을 수 없다는 말이 있다. 한 번 누수로 문제를 일으킨 녀석은 앞으로 두고두고 계속해서 괴롭힐 것이라는 뜻이다. 일시적으로 문제를 가릴 수는 있을지언정 완전히 고치는 것은 불가능하다. 빌라의 꼭대기 층이 결코 누수로부터 자유롭지 못하다는 것은 공공연한 사실이다. 특히 1990년대 빨간 벽돌 빌라라면 더 이상 말할 필요도 없다.

또 수리비용 측면에서도 문제가 많다. 아파트의 경우 관리사무실이 따로 있고 관리비도 내지만, 대개 빌라의 경우는 그렇지 못하다. 건물에 문제가 생겼을 경우 아파트라면 공동이 문제해결에 나서겠지만, 빌라는 그렇지 않다. 본인이 혼자서 뒤집어쓸 가능성이 농후

하다. 특히 꼭대기 층의 누수와 관련된 문제라면 더욱더 그렇다. 다른 세대와의 협조가 잘 이루어지지도 않을뿐더러 시간을 끌고 방치하면 결국 본인만 손해이기에 울며 겨자 먹기로 혼자 부담하여 수리하는 것이 대부분이다.

명심하자. 입지가 정말 탁월하고, 임대수요가 매우 풍부한 지역이 아닌 이상 꼭대기 층은 최대한 피하도록 하자!

면적을 이해하라

초보 투자자가 빌라 투자를 하기 어려운 이유 중 하나가 구조와 면적이 제각각이라는 데 있다. 아파트의 경우 평수만 듣고도 구조와 내부 모습이 어느 정도 머릿속에 그려지는 것이 사실이다. 하지만 빌라는 전혀 그렇지 않다. 워낙 개별성이 강한 상품이기에 직접 내부를 보지 않는 이상 그 구조를 예측하기가 쉽지 않다. 반대로 그렇기에 또 기회가 있는 것이기도 하다. 생각해보라. 모든 빌라의 면적과 구조가 동일하여 집에서 가만히 앉아 온라인상에서 전부 시세를 파악할 수 있다면? 싸게 살 수 있는 기회 자체가 거의 없을지도 모른다.

다음 표는 그간 수없이 많이 봐온 빌라의 면적-구조를 대략적으로 정리한 것이다. 특히 비교적 수도권에서 소액 물건이 많은 '인천' 지역을 중심으로 했다.

   평생 돈 걱정 없이 사는 월세 로봇 만들기

<빌라 면적>

면적	방	거실
30제곱미터~	2	소(통과용)
40제곱미터~	2	중(TV용)
	3	소(통과용)
50제곱미터~	3	중(TV용)
60제곱미터~	3	대(운동장)

빌라의 기본 면적은 30제곱미터대에서 시작한다. 3.3제곱미터가 1평이므로 30제곱미터가 넘어간다는 건 10평대라는 것이다. 여기서 면적은 전용면적, 즉 분양평형이 아닌 실제면적을 의미한다.

하나씩 살펴보면 먼저 30제곱미터대에서는 보통 방이 두 개다. 그리고 여기서 거실은 '통과용 거실'이라고 이름 붙였다. 즉, 흔히 생각하는 TV와 소파를 놓을 수 있는 거실이 아니라 주방과 안방을 연결하는 이동 통로로서의 거실을 의미하는 것이다.

40제곱미터를 넘어가면 방 개수는 그대로 두 개이면서 '통과용 거실'은 TV와 소파를 놓을 수 있는 크기로 커지든지, 아니면 방이 세 개로 늘어나게 된다. 하지만 현실적으로 40제곱미터대에서 방 세 개를 만들기는 그리 쉽지 않다. 가능하더라도 방 한 개 정도는 거의 창고용으로 쓰이는 것이 보통이다.

50제곱미터를 넘어가면 본격적으로 방을 세 개씩 만들기 시작하고, 거실 생활권이 가능해진다.

60제곱미터를 넘어가면 빌라에서는 사이즈가 큰 축에 속하며, 때에 따라 70제곱미터 이상까지 가기도 한다. 고급빌라를 제외하고 일반적인 빌라의 경우 그 이상으로는 사이즈를 거의 뽑지 않는 편이며, 그 가격대의 수요층은 오히려 소형아파트 쪽으로 옮겨가게 된다.

빌라 투자와 관련하여 마지막으로 강조하고픈 것을 언급하며 마무리하고자 한다. 늘 명심하자. 빌라는 단순 '시세차익용' 물건이 절대 아니다. 이는 시세가 절대 안 오른다는 뜻은 아니지만, 아파트만큼 눈에 띄게 매매가가 상승하는 물건은 아니라는 뜻이다. 그런 의미에서 빌라는 갭 투자(전세 끼고 매매하기)로 접근하지 않길 바란다. 물론 정말 핫한 지역에 전세가 비율이 워낙 높고, 실투자금이 몇 백만 원밖에 들지 않은 곳이라면 예외일 수 있다. 당장 가격이 올라가는 게 눈에 보이는데 먼 산 보듯 구경만 해서는 안 되기 때문이다. 하지만 그렇게 극히 예외적인 경우를 제외하고 언제나 빌라 투자는 월세로 접근해야 한다. 추후 큰 시세차익이 발생하지 않더라도 보유하고 있는 동안 충분히 임대수익을 발생시키는 구조를 만들어야 한다. 실투자금은 최소화하면서 말이다.

당연히 추후에는 빌라 투자도 시세차익을 기대하는 방향으로 관리해야 한다. 즉, 개발 호재라는 바람을 타야 하는 것이다. 빌라의 입주 물량을 파악하기란 거의 불가능하므로 지역 신문을 눈여겨보고, 해당 지역 국회의원이나 지자체장의 입을 예의 주시하라. 인구가 꾸준히 유입되는 구도심을 노리거나, 아예 새롭게 개발되는 신도시 주변을 주목하라. 그리고 재개발-재건축 트렌드까지 눈여겨

   평생 돈 걱정 없이 사는 월세 로봇 만들기

보자. 그럼 빌라에서도 대박이 날 수 있다. 실제 예전에 인천의 반지하, 그리고 서울 뉴타운들이 그랬다. 그럼에도 불구하고 빌라는 늘 임대수익을 근간으로 해서 투자해야 한다. 빌라야말로 전형적인 '월세 로봇'이기 때문이다.

빌라 투자는 아무리 무슨 짓을 해도 절대 큰 부자는 될 수 없는 방법이다. 하지만 경제적 자유를 이루게 해줄 가장 가능성 높은 투자 수단인 것은 분명하다.

오피스텔로
월세 로봇 만드는 법

나는 소액 초보 투자자 시절, 오피스텔 투자를 많이 한 편이다. 직접적으로 손이 많이 가는 것을 싫어하고, 무엇보다 '관리의 용이성' 면에서 오피스텔만큼 유용한 월세 로봇도 없기 때문이다. 부동산 투자를 오래하다 보면 자연스레 느끼게 되는 것이 있다. 바로 가장 좋은 부동산은 '임차인에게서 전화가 자주 오지 않는 부동산'이라는 것이다. 여하튼 오피스텔은 소액 초보 투자자가 월세 투자를 하는 데 있어 상당히 유용한 편이다.

무엇보다 오피스텔의 가장 큰 장점은 월세 연체율이 상당히 낮다는 것이다. 물론 임차인마다 개별적인 특성은 있을 수 있으나 평균적으로는 확실히 그러하다. 부동산 투자를 하다 보면 가끔 악성 임차인을 만나는 경우가 있다. 바로 임대료 연체를 밥 먹듯이 한다거나 컴플레인 관련해서 수시로 연락을 해오는 것이다. 이런 악성 임차인의 상당수는 빌라 투자에서 만나게 된다. 오피스텔 투자에서는 그런 일이 거의 없다. 같은 소액 물건인데도 임차인의 매너나 에티켓 면에서 확실히 비교가 된다. 그래서 나는 특히 여성 초보 투자자들에게는 오피스텔을 월세 로봇으로 많이 추천하는 편이다. 그만큼 스트레스 받을 일이 빌라보다 덜하기 때문이다.

오피스텔은 오피스(office)와 호텔(hotel)이 합쳐진 말이다. 어원에서 알 수 있듯이 사무실에서 출발한 것이고, 거기에 호텔과 같은 편리성 또는 주거의 느낌을 입힌 것이다. 즉, 주된 용도 자체가 일단은 업무용이다. 따라서 아파트처럼 방, 거실, 주방 등의 구조상 구분이 명확하지 않은 편이다. 주거용으로 지어진 것이 아니기 때문이다. 건축법상으로도 주택이 아닌 업무시설로 분류된다.

오피스텔 투자 시 '업무용'이냐, '주거용'이냐를 두고 논쟁하는 일이 많은데, 그 경계점에 있기 때문에 어떤 식으로 포트폴리오를 구성하느냐에 따라 절세의 수단으로 활용할 수 있는 면이 강하다. 이는 반대로 예기치 못한 세금 폭탄을 맞을 가능성이 있다는 뜻이기도 하다. 그래서 사실 애초부터 주거용이라 생각하고 종부세, 양도세 등을 계산해놓는 게 속 편하긴 하다.

오피스텔 투자 시 가장 먼저 유념해야 할 것은 지하철역과의 거리다. 특히 1~2룸 오피스텔의 경우에는 절대적으로 중요하다. 가장 좋은 위치는 걸어서 5분 이내, 역과의 거리 300미터 이내다. 많이 양보한다고 해도 걸어서 10분 이내, 역과의 거리가 700미터 이내여야 한다. 이 기준을 넘어가는 순간 오피스텔로서의 메리트는 급격히 떨어진다. 극단적으로 말하면 다른 것은 하나도 안 보고 지하철과의 거리만 따져봐도 오피스텔 투자는 실패하지 않는다. 가장 좋은 것은 초역세권이고, 그보다 더 좋은 것은 장차 초역세권 물건이 될 오피스텔이다. 이때 진정한 시세차익을 맛볼 수 있다.

지하철과의 거리에 이것까지 더해진다면 그야말로 금상첨화인데, 바로 '경쟁자'의 출현 가능성이 없어야 한다는 점이다. 아무리 역에서 가깝다고 할지라도 주변에 분양 예정인 물건이 넘쳐난다면 무턱대고 투자할 것이 아니라 한번 냉정히 판단해볼 필요가 있다. 절대 공급 폭탄을 이길 수는 없기 때문이다. 해당 역 주변의 공급 물량만 볼 것이 아니라 앞뒤로 한두 정거장, 많게는 두세 정거장까지도 살펴야 한다. 강남역 인근의 오피스텔 매매가나 임대료가 위로 치고 올라가지 못하는 이유가 여기에 있다. 강남역 주변에도 오피스텔이 넘쳐나지만 2호선 라인의 주변 역들에도 워낙 오피스텔이 많기 때문이다. 공급의 한계가 너무도 명확한 아파트와는 그 상품의 특성 자체가 본질적으로 다른 것이다.

인구가 꾸준히 유입되거나 오히려 넘쳐나는 곳이어서 그 수요가 공급을 넘어선다면 투자해도 괜찮다. 실제 이런 지역은 분양 물건이 끝없이 많아지는데도 임대 수요가 계속해서 있다. '저게 정말 나갈까?' 싶은데도 나가는 것이 사실이다. 하지만 그래도 이왕이면 공급 물량이 많은 곳은 절대적으로 피하는 것이 오피스텔 투자의 핵심이다. 아니, 어쩌면 모든 부동산 투자의 핵심이라고 할 수 있다.

기억하자. 오피스텔은 일단 초역세권이면 좋은 조건에 속한다.

  평생 돈 걱정 없이 사는 월세 로봇 만들기

초역세권 물건이 공실로 고생시킬 염려는 없다. 그리고 더 나아가 공급 물량까지 파악하자. 현 시점뿐만 아니라 추후 예비 경쟁자까지 생각해야 한다. 그것이 공실률, 임대수익률, 매매가 상승 등에 크나큰 영향을 끼칠 것이다.

흔히 빌라나 아파트에 비해 오피스텔 임차인은 머무는 기간이 짧은 편이다. 나도 개인적으로 오피스텔 임차인이 한곳에 4년 이상 거주하는 경우를 거의 보지 못했다. 보통 오피스텔의 월세 계약은 1년 단위로 많이 하는 편인데 이에 따라 임차인도 1년만 거주하거나, 아니면 한 번 더 연장하여 2년 정도만 사는 것이다. 그만큼 체류기간이 짧다는 것이다. 오피스텔 임차인의 특성상 1~2인 가구가 절대 다수를 차지하므로 이동이 비교적 자유로운 편이다. 따라서 오피스텔을 월세 로봇으로 만들 때에는 1년 중 1개월치의 월세는 없다고 생각하는 것이 속 편하다. 임대 중개수수료나 도배, 입주 청소, 자잘한 부분 수리 등으로 비용이 나갈 것을 감안하는 것이다. 안 나가도 될 돈이 나간다고 속 끓이기보다는 처음부터 한 달치는 없는 돈이라고 생각하자. 그러면 가령 직거래를 하거나 도배를 하지 않아도 될 경우 공돈이 생긴 듯한 소소한 기쁨도 맛볼 수 있다.

끝으로 계약 만기가 다가오면 3개월 전쯤에 미리 임차인과 전화 통화를 하면서 임차인의 재계약 여부도 반드시 체크하도록 하자. 그래야 일찌감치 중개업소 또는 직방, 다방과 같은 앱에 물건을 내놓음으로써 공실 기간을 최소화할 수 있다.

오피스텔 투자 시
주의할 점

분양을 함부로 받지 마라

부동산을 사는 방법은 크게 3가지로 나뉜다.

① (신축) 분양

② (일반 중개업소를 통한) 매매

③ 경매와 공매

새 부동산을 사는 방법이 '분양'이고, 시중의 일반 중개업소를 끼고 매도자와 매수자간의 거래를 통해 매입할 수 있는 방법이 '매매'다. 그리고 소유자 및 채무자의 잘못과 피치 못할 사정으로 인해 시장에 나온 부동산을 사는 것이 바로 '경매와 공매'다. 꼭 맞아떨

　　　　　　　평생 돈 걱정 없이 사는 월세 로봇 만들기

어지는 것은 아니지만 대개의 경우 분양 물건이 가장 비싸고, 매매를 통한 물건은 해당 시점의 가격을 반영하는 것이며, 경매와 공매는 상대적으로 저렴한 편이다. 이 지점에서 오피스텔과 관련하여 주의할 것이 절대 함부로 '분양'을 받아서는 안 된다는 것이다.

통상적으로 오피스텔 가격은 분양할 때가 제일 높고, 그렇게 3~4년 정도까지 쭉 빠지다가 점차 회복된다. 이는 상가나 빌라의 경우도 마찬가지다. 물론 지역과 물건에 따라 천차만별이긴 하지만 정말 특별한 경우를 제외하고는 오피스텔, 빌라, 상가 등은 분양 시점 가격이 가장 비싸다는 것이 정설이다. 그래서 이들은 절대 함부로 분양받아서는 안 된다.

누군가 오피스텔이나 빌라, 상가 등을 투자 목적으로 분양 받으려고 한다면 나는 일단 철저히 말릴 것이다. 물론 예외의 경우도 있긴 하다. 분양가 자체가 기존의 구축들과 비교했을 때 상대적으로 싸다는 것을 캐치할 수 있는 안목이 있다면, 또는 분양업체에서 고가로 분양한 물건들이 판매되질 않자 자체적으로 할인분양을 들어간다면, 충분히 메리트가 있는데 시장상황이 너무 좋지 않아 미분양이 나고 있다면 말이 달라진다. 이때는 물건을 선별적으로 잘 살펴 투자를 해도 좋다. 덤으로 해당 물건들의 대출조건까지 좋다면 금상첨화다. 굉장히 좋은 기회가 될 수도 있다. 하지만 대개의 경우, 빌라나 오피스텔, 상가 등은 섣불리 분양받기엔 위험하다. 엄청난 확신이 없다면 다른 방법으로 구입하길 권한다.

미래가치보다 현재가치에 더욱 집중하라

오피스텔은 대표적인 수익형 부동산 상품, 즉 월세 로봇이다. 그래서 오피스텔을 사서 월세 임차인이 아닌 전세 임차인에게 임대한다든지, 현재의 임대수익률이 별로인데도 불구하고 향후 시세차익이 크게 발생할 것을 기대하며 큰돈은 묻는 행위 등은 철저히 금해야 한다. 다시 말해, 현재 매입 시점에 만족스러운 임대수익률이 나오지 않는다면 해당 오피스텔에는 투자하지 않는 것이 좋다는 뜻이다. 미래에 오를 것을 크게 기대하지 말고(물론 기대를 안 할 수는 없겠지만), 현재 임대수익률 자체가 충분히 만족스러워야 한다는 것이다.

분양업체 역시 이러한 특징을 아주 잘 알고 있다. 그래서 오피스텔 분양 광고에는 늘 "연 수익률 ○○% 보장!"과 같은 문구들이 적혀 있는 것이다. 따라서 분양 오피스텔 계약 시에는 이러한 홍보 문구들에 현혹되지 말고, 본인이 스스로 주변 임장 및 시세조사를 통해 정말 타당성이 있는지 확인해야 한다. 분양업체에서 이야기하는 임대가가 정말 가능한 시세인지, 대출 금액이나 금리에 변동 리스크는 없는지, 기타 추가로 들어가는 부대 비용들은 없는지… 꼼꼼하게 체크하고 결정해도 늦지 않다. 기억하라, 그 어떤 투자 대상도 수익률을 보장해주는 것은 없다.

물론 오피스텔에서도 시세차익이 발생할 수 있다. 다만 오피스텔의 경우 대개는 아파트의 시세차익을 뛰어넘지 못한다. 즉, 오피스

텔은 미래를 바라보되 늘 현재의 만족스러운 수익률이 뒷받침되어
야 한다. 명심하고 또 명심하자.

오피스텔 임차인의 '엉덩이'는 무겁지 않다

임대 사업자에게 있어 가장 두려운 것은 무엇일까? 바로 '공실'
이다. 해당 부동산에 공실이 나는 순간, 이전까지 측정해둔 수익률
계산, 투자 타당성 조사, 지역분석 등은 모두 의미 없는 것이 되어
버린다. 상가 투자의 경우는 그 공실 기간이 6개월에서 1년 가까이
이어지기도 한다. 물건의 규모가 있기에 대출 금액이 클 수밖에 없
고, 그에 따른 대출 이자 역시 상당히 부담스러운 액수이기 때문이
다. 새 주인을 찾을 때까지 하루하루 피 말리고 초조한 시간이 흐르
게 되는 것이다.

오피스텔의 경우 상가만큼 부담스럽지는 않지만, 그럼에도 임대
사업자라면, 월세 로봇을 소유한 투자자라면 공실을 반가워 할 이
는 없다. 특히나 주거용 물건의 대표적 상품인 아파트, 빌라, 오피
스텔 중에서 오피스텔은 임차인의 특성상 장기 거주자가 많지 않
기에 그 손바꿈도 꽤나 잦은 편이다. 원룸이나 투룸 오피스텔이라
면 현상은 더욱 심하다. 한곳에 그리 오래 머물지 않고, 길어야 2년
이며, 절반 이상은 1년 계약만 간신히 채우고 이사를 가는 사람이
부지기수다.

따라서 오피스텔을 월세 로봇으로 소유한 투자자는 임차인의 잦은 손바뀜에 대해 늘 마음의 준비를 하고 있는 것이 좋다. 1년이라는 시간은 금방 돌아오기 마련이고, 해당 임차인은 계약이 만료되면 아무래도 나갈 확률이 높다는 것을 사전에 인지하고 있자는 것이다. 마음먹기 나름이다. 어차피 나갈 임차인이라고 생각하고 있다가 계약이 좋은 조건으로 연장되면 좋은 것이고, 그렇지 않으면 예정대로 새 임차인을 또 들이면 되는 것이다.

다만 임대 중개수수료라든지, 얼마간의 공실 기간 등 그에 따른 제반비용에 대해서는 대비가 필요하다. 사실 1년 중 1개월치의 월세 정도는 없는 돈이라고 생각하는 것이 마음 편할지도 모른다.

기억하자. 오피스텔 임차인의 '엉덩이'는 무겁지 않다는 것을.

빌라 vs 오피스텔, 월세 로봇의 승자는?

오피스텔은 빌라와 더불어 소액 초보 투자자가 '월세 로봇'용으로 처음에 가장 많이 투자하게 되는 부동산이다. 지금부터는 이 둘을 보다 상세히 비교해보고자 한다.

내가 일하지 않고도 다달이 돈을 가져다주는 월세 로봇, 하지만 엄밀히 말하면 빌라나 오피스텔이 직접 내게 돈을 주는 것이 아니고 그곳에 거주하는 '임차인'이 내게 돈을 주는 것이다. 즉, 임대사업자에게 있어 임차인은 '고객'인 셈이다. 고객에게 돈을 받는 생산자라면 당연히 고객의 입장을 먼저 이해하는 것이 순서다.

임차인, 그들은 과연 누구일까? 임차인에는 크게 두 종류가 있다.

① 월세 임차인

② 전세 임차인

성공하는 월세 로봇 투자자가 되려면 소유자(집 주인)와 임차인의 관계에 대해 한번 진지하게 생각해볼 필요가 있다. 부동산 투자에 있어 누가 가장 부자인지 따져보면 다음과 같다.

흔히 '주인'이란 표현 때문에 집 주인이 가장 부자일 거라고 착각하기 쉽지만, 실제 해당 부동산에 가장 많은 돈을 투입한 이는 전세 임차인이다. 보통 3억짜리 아파트에 2억 4,000만 원(80%)을 주고 살고 있거나, 2억짜리 아파트에 1억 6,000만 원을 주고 살고 있는 게 전세 임차인이기 때문이다.

그렇다면 전세 임차인은 대출을 조금만 받으면 충분히 해당 집을 살 수 있는 여력이 되면서도 왜 그 집을 사지 않는 것일까? 2년 있다가 이사를 해야 한다든지, 집이 따로 또 있다든지, 해당 집을 그렇게 마음에 들어 하지는 않는다든지 등 많은 이유가 있을 수 있지만 가장 분명한 이유는 집값이 오르지 않을 거라고 생각하기 때문이다. 2억짜리 집이 1년 사이에 2억 5,000만 원까지 오를 것이 확실하다면 당장 그 집을 사지, 전세 임차를 택하지는 않을 것이다.

전세 임차인은 이미 부동산 투자를 할 충분한 여력이 있으면서도 부자가 되려고 애쓰지 않는다. 그 덕분에 갭 투자라는 것이 존재

    평생 돈 걱정 없이 사는 월세 로봇 만들기

한다. 당장 아파트 값이 오를 게 뻔히 보이는데도 매매 대신 전세를 택하는 이들이 존재하기 때문이다. 해당 부동산에 가장 많은 자금을 넣었지만 그 시세차익은 전혀 누리지 못하는 이들인 것이다.

종잣돈의 액수는 그리 중요한 문제가 아니다. 어차피 평범한 일반인이 갖고 시작할 수 있는 종잣돈의 액수란 거기서 거기이기 때문이다. 비슷한 수준에서 출발했는데, 몇 년 뒤 누구는 몇 백의 월세를 받고, 누구는 여전히 적은 월급에 허덕이는 이유가 거기에 있다. 부자가 되고자 하는 간절한 마음을 품는 것이 부자가 되기 위한 첫 출발점이다.

또 월세 임차인도 눈여겨봐야 한다. 월세 로봇을 만들고자 한다면 이들에 대한 관찰은 필수다. 그렇다면 이곳에 살고 있는 임차인들은 어떤 사람들일까?

빌라에 살고 있는 이는?

→ **저소득층이다.**

오피스텔에 살고 있는 이는?

→ **1~2인 가구다.**

그렇다. 이것이 본질이다. 빌라에는 부자가 살지 않으며, 오피스텔에는 대가족이 살지 않는다. 이는 결국 각각의 투자를 진행할 때 우리가 눈여겨봐야 할 부분이 무엇인지 말해준다.

빌라 투자를 하는 데 있어 학군을 보는 것은 무의미하다(학군과 학교 인접은 다른 표현이다). 다시 말해 좋은 학군까지 따져볼 필요는 전혀 없는 것이다. 오피스텔 또한 마찬가지다. 오피스텔 투자를 하는데 초·중·고등학교의 인접성을 따져보는 것 자체가 시간 낭비다. 반대로 교통(역세권)을 보지 않는 것은 어마어마한 실수다. 도표를 통해 좀 더 구체적으로 살펴보자.

<빌라 임차인 vs 오피스텔 임차인>

구분	빌라	오피스텔
차이점	저소득층	1~2인 가구
	장기 거주	단기 거주
	관리비 없음	관리비 있음
	높은 임대수익률	빌라보다는 떨어지는 임대수익률
	관리하기 힘듦	관리하기 용이
	수리비 높음	수리비 낮음
공통점	월세 세팅 물건	
	큰 시세차익 기대하기 힘듦	
	수도권 기준 적정 가격: 1~2억 원(서울 제외)	
	한 채당 적정 실투자금: 1,000~2,000만 원(서울 제외)	

월세 로봇 지역 선정 시 이것만 주의하라

빌라와 오피스텔 투자로 월세 로봇화하는 데 있어 주의해야 할 사항이 몇 가지 있다. 먼저 처음 투자를 할 때 '지역'과 '시점'에 큰 비중을 둘 필요는 없다. 적어도 월세 로봇 1호기 투자를 하는 데 있어서만큼은 그럴 수도 있다는 것이다.

월세 로봇은 흐름을 보고 투자하는 것이 아니다(사실 진짜 고수는 월세 로봇도 흐름을 보고 투자한다. 당신도 종국에는 그 단계까지 가야 한다). 월세 로봇의 경우 미래의 큰 시세차익을 바라고 하는 투자가 아니기 때문이다. 다만 월세 로봇도 결국은 가격이 올라야 한다. 오르지 않는 부동산은 의미가 없다(무피, 플러스피 투자의 경우 예외로 둘 수 있음). 그런데 이를 위해서는 '지역'과 '시점(흐름)'에 대한 공부가 필수다. 그 지역을 꿰뚫어보는 눈이 필요하고 지금이 들어가야 할 시점인지, 나와야 할 시점인지 파악할 수 있는 판단력이 필요

하다.

문제는 초보 투자자가 당장 이런 능력을 갖기란 불가능하다는 것이다. 그렇다고 부동산 투자 관련 이론을 빠짐없이 공부해야 할까? 이는 현실적으로 불가능하다. 실제로 부동산이나 경매 투자 관련 기초 강의를 듣는 수강생의 절반 이상은 투자 한 번 하지 못하고 일상으로 돌아가는 것이 현실이다. 따라서 일단 이런 부분들은 배제하고 부동산 투자에 접근해야 한다. 지역과 시점에 대한 고민은 적어도 처음 투자하는 데 있어서는 접어두자. 특히 그것이 전세 갭 투자가 아닌 월세 로봇 투자라면 더더욱.

중요한 건 첫 투자를 성공적으로 마침으로써 스스로를 월급쟁이가 아닌 임대사업자의 옷을 입게 만들어야 한다는 것이다. 단순히 이론 공부만으로 그치지 않고 실전으로 이어지는 게 중요하다. 투자시점을 당장 정확히 맞추기는 어렵고, 지역에 대한 공부는 시간이 필요하다는 사실을 받아들이는 게 중요하다. 대신 물건의 개별 가치 파악에는 철저히 공을 들이자. 빌라를 예로 들면 권리 관계는 문제없는지, 누수는 없는지, 햇빛은 잘 드는지, 임대수요는 풍부한지, 시세는 정확한지 등을 꼼꼼히 살펴야 한다.

내가 실투자금을 얼마 넣어서 다달이 얼마씩의 임대수익을 확보할 수 있는지 파악하는 게 가장 큰 핵심이다. 지역은 인구가 급격하게 감소하거나 현저히 나빠지는 곳만 아니면 된다. 어차피 큰 시세차익을 보고 투자하는 것이 아니기 때문에 시점은 그리 중요치 않다. 중요한 건 당장의 임대수익이다(물론 추후에는 반드시 그 이상을

 평생 돈 걱정 없이 사는 월세 로봇 만들기

바라볼 수 있는 투자자가 되어야 한다). 실투자금을 최소화하여 빠른 시일 내에 투자의 한 사이클을 돌리는 게 관건인 것이다. 경매 투자를 예로 들자면 명도가 다소 까다로운 소유자 물건 말고, 충분히 배당을 다 받아가는 임차인 물건을 추천한다. 처음부터 명도로 고생하면 경매 투자라는 것에 잘못된 선입견과 오해가 생길 수 있기 때문이다.

두 번째 물건부터는 지역 선정이 매우 중요하다. 사실 이는 첫 번째 투자 시에도 중요하긴 하다. 왜일까? 당신은 앞으로 그 주변을 계속 보게 될 것이기 때문이다. 사람 심리가 그렇다. 인간은 누구나 익숙한 것에 편안함을 느끼기 마련이다. 처음에는 모든 게 낯설고 어색하게 느껴지던 것들도 계속 보면 편해지고 장점이 하나씩 보인다. 사실 다른 것들과 비교했을 때 객관적으로 그렇게 좋은 것이 아닌데도 주관이 개입되고 감정이 들어가다 보니 좋게 생각되는 것이다.

부동산 투자에서도 마찬가지다. 특히나 월세 로봇을 만들 때 대체로 기존에 투자했던 지역을 자연스레 먼저 살피게 된다. 그 지역이 이미 친숙하기 때문이다. 물론 그 주변 답사를 여러 번 다녀봐서 시세 파악도 잘되어 있다. 갑자기 전혀 모르는 새로운 곳을 임장하는 것은 또 다시 두려움이 생기고 번거로운 일이다. 이렇듯 누구나 낯선 곳은 피하고자 하는 심리가 내면에 자리 잡고 있다.

현실적으로 첫 월세 로봇부터 디테일하게 지역 분석을 하는 것은 불가능하지만, 두 번째 투자부터는 다르다. 이제부터 당신의 인생에서 '부동산'은 아주 큰 부분을 차지하게 될 것이다. 그래서 이때부터는 개별가치에 집중하는 동시에 그 이상을 볼 줄 알아야 한다. 즉, 지역 분석이 필수다. 기존에 월세 로봇의 터를 잡은 지역들은 매우 중요하다. 전혀 연고가 없던 지역도 어쩌면 당신의 제2의 고향이 될지도 모르기 때문이다.

투자 지역은 너무 멀리 분산하지 말고, 근거리에 배열하는 것이 좋다. 많은 투자자들이 잘못 생각하고 있는 부분이 바로 '집중투자'와 '분산투자'와 관련된 문제다. 가령 당신이 이미 'A'라는 지역에 월세 로봇을 심은 상황이다. 좀 더 정확히 말하면 두 번째 월세 로봇을 'A' 지역에 심었다. 그렇다면 세 번째, 네 번째 월세 로봇은 어디에 심어야 할까? 흔히 'B', C' 지역이라고 생각하기 쉽다. 하지만 전혀 그렇지 않다. 오히려 당신은 지금부터 더욱더 본격적으로 'A' 지역을 파기 시작해야 한다.

경매 투자를 예로 들어보자. 가령 당신은 현재 월세 로봇 1~2호기를 투자하여 초보 티를 떼기 시작한 투자자다. 계속해서 부동산 경매 책을 읽고 기초강의를 듣는 사람들과 비교했을 때 당신의 경쟁력은 어디에 있을까? 법률적 지식? 당신의 권리분석 능력은 그들과 별 차이가 없을 것이다. 자금력? 당신은 오히려 자금력에서는 더 밀릴 가능성이 높다. 이미 한두 건 투자를 진행하면서 자금을 소진했기 때문이다. 부동산 시장의 흐름을 보는 눈? 그러기엔 아직 멀었다. 흐름을 보는 눈은 오랜 시간 부동산 시장에 발을 담그고 변화를 지켜봐야만 가질 수 있는 법이다. 그렇다면 당신의 경쟁력은

　　　　　평생 돈 걱정 없이 사는 월세 로봇 만들기

무엇일까?

　첫 번째는 투자물건 처리 과정에서의 노하우다. 이미 한두 번 투자의 사이클을 돌려본 경험상 충분히 자신감이 생겼을 것이다. 또 소소한 시행착오와 실수는 이후에 되풀이하지 않아도 될 소중한 자산이 되어줄 것이다. 책이나 강의에서 이론으로만 접했던 노하우가 실제 경험에 대입되면서 좀 더 입체적으로 다가오며, 이는 자신감과 추진력에 힘을 실어주게 된다. 그래서 책 수십, 수백 권을 읽어도 한 건 투자해본 경험을 못 이긴다고 하는 것이다. 그런데 이는 사실 수익을 내는 데 있어서는 그다지 큰 영향을 끼치지 않는다. 그저 손실을 막아주고 쓸데없는 돈의 지출을 막아주는 '수비'의 포지션 정도일 뿐이다. 차별적 우위를 만들어내며 진짜 수익으로 연결시켜주는 부분은 바로 다음의 요소다.

입지 분석 능력 + (알파)

　월세 로봇 1호기, 2호기를 만들다 보면 물론 입지에 대한 부분을 어느 정도는 보게 된다. 하지만 이를 부동산 투자자 입장에서 진정한 의미의 입지 분석이라고 할 수는 없다. 고작해야 '학교가 가깝네, 마트가 가깝네, 역이 멀지 않은 거리에 있네' 정도다. 물론 아이러니한 것은 이 정도 분석만 제대로 해도 월세 로봇을 만드는 데 있어 손해는 보지 않는다는 것이다. 그만큼 기본이란 게 중요하다. 그런데 이는 집을 구하는 사람이라면 누구나 따져보는 기초적인 것들일 뿐이다. 부동산 투자자라면 적어도 다음과 같은 것들에 대한 분석을 완벽히 해야 한다.

① 현재 교통에 대한 정확한 분석 + 예정 계획
② 주변 입지와의 객관적 경쟁력
③ 해당 지역 핵심 수요층과 대기 수요층에 대한 이해

즉, 교통 호재에 대해 정확히 분석해야 한다. 결국 인간의 삶이란 '밥벌이 투쟁'이고, 그 투쟁의 장소는 '직장'이다. 집은 내가 일터에서 돌아와 잠시 쉬는 안식처다. 그 둘 사이를 얼마만큼 빠르고 편리하게 왔다 갔다 할 수 있느냐가 그 집의 가치를 결정하는 것이다. 따라서 해당 입지의 교통 경쟁력은 '일터까지 얼마나 빨리 오갈 수 있느냐'의 문제와 직결된다. 또 그 일터는 특정 개인에게만 유일하게 적용되는 것이 아닌, 대다수의 직장이 몰려 있는 곳이어야 한다. 그런 곳이 서울에서는 대표적으로 강남, 광화문, 여의도다. 그래서 그 주변은 자연스레 집값이 비싸다. 이에 대한 올바른 이해를 바탕으로 내가 월세 로봇을 만들고자 하는 곳의 교통을 정확히 분석할 수 있어야 하며, 이는 단순히 역에서 가깝다, 멀다 하는 것을 떠나 환승까지 고려한 단계에서 생각해야 한다. 한마디로 '연결'을 기억해야 한다. 그곳에 사는 사람이 어떤 생각으로 출퇴근을 할지 단순히 현재 시점에서의 교통망만 살펴볼 것이 아니라 미래에 개통되거나 새로 뚫리는 철도, 도로망 등도 공부함으로써 남들보다 먼저

　　　　　　　平생 돈 걱정 없이 사는 월세 로봇 만들기

좋은 입지의 부동산을 선점할 수 있는 능력을 키워야 한다.

여기다 학군, 편의시설, 환경적인 요소까지 접목해 주변 입지와의 객관적 경쟁력을 따져보아야 한다. 단순히 '이 동네 살기 좋네'라는 식의 익숙함에 근거한 결정이 아니라, 동일 가격이라면 어디를 택할지, A지역과 B지역은 가격 차이가 어느 정도 벌어져야 적정할지, 그 갭은 어느 정도가 적정 수준이고 어느 정도부터가 비정상적인지를 따질 수 있어야 한다. 결국 모든 가격은 가치를 찾아가기 마련이고, 그 가치는 사람들의 생각이 반영된 것이기 때문이다. 그러면서 자연스럽게 해당 지역의 핵심 수요층과 대기 수요층에 대한 이해 단계로까지 이어져야 한다. 이 지역에 사는 사람들은 어떤 사람들이고 어떤 생각들을 갖고 있는지, 조금만 더 여유가 생긴다면 어디로 가려고 하는지, 반대로 이곳을 오고 싶어 하는 사람들은 어떤 사람들이고 현재 그들은 어느 정도 위치의 사람들인지 등을 생각해봐야 하는 것이다. 이러한 노력을 하다 보면 어느 순간 부동산이 단순한 물체가 아닌 하나의 살아 있는 생명체로 보이게 되고, 그 순간부터 진짜 부동산 투자의 고수가 되는 길로 가기 시작하는 것이다.

부동산 투자는 절대 단순 수치와 데이터의 나열이 아니다. 또한 모든 지역을 파악하고 투자하는 것은 불가능하기 때문에 자신만의 사냥터를 구축해야 한다. 그래서 적어도 그 지역에서만큼은 어떤 부동산 전문가와 고수에게도 밀리지 않는다는 자신감을 갖추어야 한다. 그것이 초보자와 경험자의 차이를 만드는 지점이다. 그리고

한 번 획득한 경쟁력은 육안으로는 크게 드러나지 않을지언정 투
자를 하는 데 있어서는 굉장히 큰 차별화로 자리매김하게 된다. 그
경쟁력은 상상 그 이상의 효력을 발휘한다. 바로 급매와 같은 상황
에서 말이다.

　　　　　　　　　　평생 돈 걱정 없이 사는 월세 로봇 만들기

월세 로봇의 경쟁력을 좌우하는 급매의 본질

부동산 중개업소에서 '급매'라고 하며 물건을 보여주는 경우 이게 정말 급하게 싸게 나온 물건이지, 아니면 중개업소 사장님이 급하게 팔고 싶어 하는 물건인지 어떻게 알 수 있을까? 이런 경우 앞서 언급한 것들을 바탕으로 하여 그곳의 적정 시세를 파악하고 다른 물건들과 가격 비교를 할 줄 알아야 한다. 즉, 물건의 위치, 평수, 연식 등을 들었을 때 그게 급매인지, 아닌지를 판단할 수 있어야 한다는 것이다. 또 중개업소 사장님의 뇌구조를 상상해보았을 때 어떻게 하면 급매를 잡을 수 있을지 고심하며 전략을 수립해야 한다.

예를 들어 어느 지역에 관심이 생겨 그 지역에 소재한 부동산 중개업소를 처음 방문했을 때 "급매 가격은 얼마예요?" "사장님, 급매 물건 있어요?"와 같은 식의 질문은 전혀 할 필요가 없다. 왜? 처

음 방문한 부동산 중개업소에서는 절대 급매를 잡을 수 없기 때문
이다. 그게 바로 급매의 본질이자 메커니즘이다.

중개업소 사장님 입장에서 한번 생각해보자. 자기가 중개업소를
운영하고 있는데 어느 날 진짜 괜찮은 급매물건이 나왔다. 그럼 어
떻게 할까? 본인이 한다. 그게 인간의 본성이다. 그런데 현재 자신
에게 그럴만한 자금이 없다면 어떻게 할까? 가족과 형제, 친인척에
게 준다. 피붙이에게 먼저 주는 것이다. 그렇게 한 바퀴 돌고난 뒤
에 고객에게 돌아오기 시작하는 것이 급매다. 우리는 여기서 중요
한 한 가지 통찰을 얻을 수 있다. 바로 정말 어마어마하게 싼 급매
는 애초에 존재하지 않는다는 사실이다.

급매의 가격은 중개인이 어떠한 수단과 방법을 동원해서라도 본
인이 투자하고 싶은 금액보다는 적은 금액 내에서, 투자자들 입장
에서는 그보다 조금 더 깎고 싶은 선에서 형성되는 것이다. 그렇게
피붙이가 아닌 고객들에게 급매물건이 가기 시작하며, 그 순서는
지금 막 중개업소에 들어온 당신에게 돌아오지 않는다. 다음과 같
은 사람들에게 우선권이 주어진다.

① 중개수수료를 많이 주는 사람
② 내가 연락하면 바로 와서 투자의향을 내비칠 사람

결국 중개업소 사장님도 인센티브에 의해 움직인다. 그리고 부동
산 중개업소의 본질은 중개 성사를 통한 수익 창출이다. 따라서 단

순히 시세 파악을 위해 방문한 경매 투자자들은 반기지 않는 게 사
실이다. 당장의 수익과는 전혀 상관이 없기 때문이다. 낙찰 후 임
대? 불확실하고 너무도 먼 이야기다.

중개수수료를 많이 줄 사람, 내가 연락하면 바로 와서 투자의향
을 내비칠 사람의 공통점은 둘 다 초면일 수는 없다는 것이다. 우리
는 여기서 급매를 잡기 위한 불변의 진리를 깨달을 수 있다. 바로
정성을 들여야 한다는 것이다.

무엇보다 처음 방문한 부동산 중개업소에 '급매는 없다'는 것을
인지해야 한다. 아니, 행여 있더라도 내 것은 될 수 없다는 사실을
깨달아야 한다. 정말 급매를 잡고 싶다면 매주 정성을 들여 부동산
중개업소를 방문해야 한다. 만약 찾아가기가 힘들다면 수시로 전화
라도 해야 한다. 두 번, 세 번 계속해서 나의 존재를 알리며 의사표
시를 해야 한다. 연결을 시켜주면 수수료 더 주겠다는 말도 넌지시
꺼내야 한다.

급매가 한 번에 나를 찾아올 것이라는 기대는 애당초 접어라. 정
성을 들여야 하고 끈기가 있어야 한다. 최소 1~2개월은 그런 식으
로 계속해서 방문해야 한다. 경매 물건 답사를 겸해서 들르며 괜찮
은 물건 안 나왔냐고, 요즘 분위기는 어떠하냐고 물어라. 그렇게 몇
번을 반복하고 반복해야 간신히 잡을 수 있는 것이 급매다. 세상에
공짜는 없다. 노력 끝에 좋은 조건의 물건을 잡을 수 있게 되는 것
이다.

어느 순간 부동산 중개업소 사장님과의 네트워크가 탄탄해지면

당신은 느끼게 될 것이다. 급매 잡기가 너무 쉽다는 것을. 그리고
그것이야말로 뜨내기 투자자들과 차이를 낼 수 있는 엄청난 경쟁
력이라는 것을. 정성을 들여야 한다, 정성을.

 평생 돈 걱정 없이 사는 월세 로봇 만들기

사업가 마인드는
월세 로봇의 기본이다

월세 로봇을 만드는 방법은 그야말로 다양하다. 이 책에서는 소액 월세 로봇의 전형적인 예로 아파트, 빌라, 오피스텔 등을 다루고 있지만 사실 이는 월세 로봇 투자의 한 부분을 차지할 뿐이다.

월세 로봇을 꾸준히 만들어가다 보면 작은 물건을 여러 개 갖는 것도 좋지만, 큰 물건에서 한 번에 큰 수익을 내고 싶다는 욕구가 자연스레 생겨난다. 20~30만 원의 월세 로봇 4~5개를 돌려 100만 원의 수익을 내기보다는 한 건의 투자로 한 번에 월세 100만 원을 받고 싶어지는 것이다. 그러다 보면 자연스레 상가 투자로 발걸음을 옮기게 된다.

주거용 물건의 경우 대형아파트를 제외하고는 현실적으로 월세 100만 원 이상 받기 힘들다고 봐야 한다. 하지만 상가를 통해서라면 충분히 가능하다. 나는 그 이상을 시도해보기로 했다. 방법은 둘 중 하나다. 정말 큰 대형 상가에 투자하든지, 아니면 상가에서 직접 내가 사업 시스템을 굴리든지. 이것이 월세 로봇의 궁극적인 모습이며 단위 면적당, 실투자금 대비 가장 높은 수익을 거둘 수 있는 방법이다.

나는 예전부터 사업에 관심이 많았다. 기본적으로 인생을 살아가는 데 있어서 조직의 한 사람이라기보다는 사업가 마인드로 살아가는 편이다. 그래서 평상시에 관련 서적이나 자료도 많이 찾아보는 편이다. 어쩌면 이런 성향이 자연스레 주거용 투자에서 상업용 투자로 진화하게끔 만들었을지도 모른다.

나는 내 상가에서 직접 사업을 운영해보기로 마음먹었다. 때마침 보유하고 있던 1층 상가의 임차인 계약 만료 시점이 다가오고 있었다. 본격적인 아이템을 구상하기 시작했다. 프랜차이즈 창업박람회에 방문해 최신 트렌드 업종이 무엇인지 살펴보기도 하고, 평상시 도보나 자가용으로 이동하면서 좀 더 유심히 주변을 관찰하기도 했다. 그러던 중 첫 번째로 눈에 들어온 것이 바로 '편의점'이었다.

나는 하나의 매장을 운영하는 자영업자가 되고 싶은 게 아니었다. 내가 그린 모델은 내가 없어도 사업체가 돌아가는 것이었다. 이른바 오토매장. 물론 정확한 의미에서의 오토매장이란 존재하지 않는다. 오너가 신경을 쓴지 않고, 정성을 들이지 않는 사업체가 잘 돌아갈 리는 없기 때문이다. 하지만 나는 시스템을 관리하는 사람이고, 판을 그리는 사람이었다. 어찌 됐든 최대한 내가 없어도 사업체가 돌아가도록 만들어야 했다. 이에 가장 적합한 것이 바로 편의

   평생 돈 걱정 없이 사는 월세 로봇 만들기

점이라고 생각했다.

　편의점 운영에 있어서는 담배권이 핵심을 차지한다. 편의점 매출에서 담배 매출이 차지하는 비중은 약 30퍼센트, 경우에 따라서는 40퍼센트에 육박하는 곳들도 상당수에 달한다. 참고로 담배는 아무나 팔고 싶다고 팔 수 있는 게 아니라 그 권리를 획득하여 자격을 가진 자만이 팔 수 있다. 기본적으로 담배를 팔기 위해서는 해당 시·군·구청에 신청을 해야 하며, 인근에 담배 판매점이 있다면 일정 거리 이상 떨어져야 한다. 통상 50미터를 그 기준으로 둔다.

　담배의 마진율은 10퍼센트 정도로 물론 일반적인 상품에 비하면 적은 편이다. 하지만 중대한 '미끼' 역할을 한다. 담배를 사러 들어갔다가 음료수도 하나 사고, 껌도 하나 사먹는 것이다. 담배권에 해당하지 않아 담배를 팔 수 없는 편의점이라면 처음부터 흡연자들은 방문 자체를 안 한다. 그런데 아쉽게도 내 상가의 위치가 그랬다. 이미 근처에 담배를 파는 조그마한 슈퍼가 하나 있는 것이었다.

　기본적으로 담배권은 양도-양수 자체가 불가능하다. 아무리 돈을 많이 준다고 해도 인근 업체에서 담배권을 살 수 있는 것이 아니다. 담배권을 갖고 있던 판매점이 폐업을 하고 지자체 담배권을 반납하면 이후 공고를 통해 희망자를 모집하고 추첨을 통해 새로운 담배권 판매자를 모집하는 식이다. 이런저런 방법을 궁리해보고, 담배권 없이 운영해보려고 시도도 했었지만 수지타산이 맞지 않는다고 판단되어 최종적으로 편의점은 사업체 아이템으로서 포기하게 되었다.

　이후 몇 가지 아이템을 알아보다 최종적으로 결정하게 된 것이 바로 '호프집'이다. 어려서부터 요식업을 한번 해보고 싶었던 나는 이번 기회에 용기를 내기로 했다. 내가 월세를 내는 것도 아닌데 두려울 것이 뭐 있겠는가. 그렇게 공사는 시작되었다.

공사는 순조롭게 진행된 편이다. 알고 지내던 지인에게 전담해서 맡겼기 때문이다. 이러한 사업 세팅 시스템이 아니더라도 주거용 월세 로봇 역시 인테리어는 매우 중요한 부분이므로 잠시 언급하고자 한다.

기본적으로 인정하고 넘어가야 할 것은, 인테리어 공사를 하는 이와 투자자인 당신은 잘해야 본전인 사이밖에 될 수 없다는 점이다. 메커니즘상 그렇다. 서로간의 제로섬 게임이기 때문이다. 한 명이 이득을 보면 한 명은 손해를 본다. 둘 사이의 이해관계가 상충하는 것이다.

이러한 전제 하에 반드시 체크해야 할 핵심 팁은 다음과 같다.

① 3~4군데 업체의 견적 비교하기

② 지나치게 싸거나 지나치게 비싼 곳 걸러내기

③ 전체공사와 부분공사, 자재 선정 등을 따져가며 가격 협상하기

④ 공사비용은 나눠서 지급하기 (계약금, 중간 정산, 최종 마무리)

이 정도만 잘 지켜도 인테리어 공사에 큰 어려움은 없을 것이다. 인테리어 전문가도 아닌 투자자가 굳이 일일이 자재나 견적을 디테일하게 알 필요는 없다. 다만 이 태도 하나만은 강조하고 싶다.

'지나치게 이득을 보려고도,
지나치게 손해를 보려고도 하지 않기.'

모든 것에는 모름지기 마땅히 치러야 할 대가가 있는 법이다. 지나치게 싸게 계약했다고 마냥 좋아할 것이 아니다. 싼 만큼 이후에 하자-보수 관련해서 끊임없이 문제가 발생할 가능성이 높기 때문이다. 성실하고 신뢰할 수 있는 업자들은 지속적으로 관리하고 손봐줄 수도 있겠지만, 그런 분들 만나기가 그리 쉽지는 않다. 연락이 두절되거나 중간에 추가 금액을 요구하는 경우도 많다. 그렇기에 가격이 터무니없이 싸다면 의심해볼 필요가 있다. 오히려 지나친 손해를 보지 않는 것에 치중하는 게 더 중요한 자세라 할 수 있다.

그리고 마침내 다음과 같은 사업체로 재탄생했다.

그렇다면 새로운 사업체로 재탄생한 뒤, 수익률은 어떻게 바뀌었을까?

장사, 사업체 운영은 순조로운 편이었다. 분명 단순히 임차인에게 임대를 주는 것과는 비교할 수 없는 어려움과 성가심이 따라오는 것이지만, 이는 충분히 예상하고 있던 것이기 때문이다. 오히려 늘어난 순익, 내 사업체를 운영해본다는 재미와 보람은 훨씬 더 큰 의미로 작용했다.

인건비와 자재비, 기타 잡비 등을 제외하면 순익은 절반 아래로 떨어진다. 하지만 기존에 월세만 받던 것과 비교하면 다섯 배 가까이 순수익이 늘어났다. 앞으로도 나는 이런 식으로 상가의 가치를 극대화시킨 다음 권리금을 보태 좋은 가격에 매도를 할 예정이다.

실제로 주변에 이와 같이 본인의 상가에서 직접 사업체를 운영하는 이들이 하나둘 생기고 있다. 업종은 주로 고시원, 편의점, 코인노래방 등 비교적 오토매장으로 굴리기 유리한 업종들이다. 물론 이 업종들이 절대 수익을 올리기 쉽다는 것은 아니니 오해하지는 말기 바란다. 핵심은 이것이다.

'내 상가에서 사업체를 운영한다는 것,
그래서 월세를 낼 필요가 없다는 것.'

많은 자영업자들이 이 말에 공감할 것이다. 대부분의 자영업자들이 월세만 안 내도, 건물에서 쫓겨날 걱정만 없어도, 건물의 가치 상승에 따른 시세차익만 누릴 수 있어도 걱정 없이 편하게 장사할 수 있겠다고 생각하기 때문이다.

월세 로봇으로 성공하고 싶다면 본인의 사업체에 부동산을 접목해야 한다. 반대로 부동산 투자자들도 단순히 임대수익을 받는 데 그치지 말고 부동산에 사업의 옷을 입혀야 한다. 물론 모든 월세 로봇 투자자들이 이런 식으로 투자해야 한다는 것은 아니다. 소형 월세 로봇만으로 만족할 수도 있다. 하지만 적어도 '사업가의 마인드'는 품고 있어야 한다. '임대 사업'도 엄연히 사업의 일종이라는 사실을 명심하자.

부동산 투자나 경매 투자가 갈수록 대중화되고 경쟁이 격화된다고 하지만 내 생각은 다르다. 실제 내가 처음 경매에 뛰어들던 2007년, 2008년 무렵에도 똑같은 이야기가 돌았었다. 생각해보라. 당시 20대 초반의 새파랗게 어린 내가 부동산 강의, 경매 강의를 듣겠다고 앉아 있는 것을 보고 다른 사람들이 무슨 생각을 했겠는가. '이 바닥도 이제 끝이구나'라고 생각했을 것이다. 하지만 알고 보면 지금 왕성하게 활동하고 있는 부동산 고수나 전문가들은 모두 그 시절부터 차근차근히 내공을 닦아온 경우가 많다. 시장에서 절대 사라지지 않고서 말이다. 관건은 늘 변화하기 위해, 성장하기 위해 노력하는 자세다. 과거의 틀과 관습에 얽매여 멈추어 있는 자에게 기회의 여신은 손을 내밀지 않는다.

결국에는 실거주 문제까지
해결해주는 월세 로봇의 힘

실거주와 관련해서 나는 예전부터 로망이 하나 있었다. 널찍한 거실, 초고층, 탁 트인 전망의 주상복합에서 화려한 싱글 라이프를 즐기는 것. 내부 인테리어는 하얀색 대리석에 간접등과 화이트 톤. 이 중 어느 것 하나도 빠지면 안 된다는 나만의 유치하지만 달콤한 실거주에 대한 로망이 있었다. 이미 거주하고 있는 본집이 있고 그곳의 만족도 또한 낮지 않았지만, 오래전부터 품었던 이 로망을 실현하기 위해 나는 결단을 내렸다. 월세 로봇에 투자했다면 추가적으로 몇 백의 월수입을 만들 수 있는 돈을 나의 로망을 실현시키는 데 쓰기로 한 것이다. 인생은 결국 자신의 꿈과 로망을 실현해가는 과정 아니던가.

50층 가까운 높이에 40평이 넘는 공간에서 매일 아침 탁 트인 전망을 바라보고 있노라면 이내 머릿속이 맑아지고 기분이 상쾌해지

는 것을 느낀다. 쾌적한 환경에서 좋은 생각을 하며 하루하루 보내다 보니 업무 효율도 좋아지고 삶의 만족도도 더욱 높아졌다.

나는 주중에 주로 이곳에 머물며 일상을 보내고 있다. 월세 로봇을 만드는 데 쓰여야 할 투자금이 이곳에 묶이고, 그로 인한 월세의 기회비용, 그 돈이 앞으로 수년 동안 쌓이고 쌓여 복리로 환산될 때의 금액, 거주함으로써 발생하는 관리비와 같은 부차적인 제반비용들을 생각하면 아까울 수도 있지만, 내 삶의 만족도가 높아지고 투자와 비즈니스 관련해서 더 많은 아이디어들이 떠오르니 결코 손해 보는 장사는 아니다. 무엇보다 늘어나는 월세 액수와는 또 다른 만족감이 있다. 눈앞에 보이는 성취물이기 때문이다.

나는 지금 단순히 집 자랑을 하기 위해 이런 이야기를 하는 것이 아니다. 실거주와 관련된 매우 중요한 '통찰'을 전하고자 한다. 월세 로봇을 꾸준히 늘려가고, 그래서 월세 액수가 점점 증가하다 보면 어느 순간 이런 생각을 하게 될 것이다.

'그래, 이런 식으로 월세를 늘려가면 경제적 자유를 얻게 되는 것은 알겠는데, 그럼 실거주는 어떡하지? 월세 로봇 만드는 데 있어 내 종잣돈을 다 써버리면 나는 어디에 거주해야 하지? 결혼도 하고 집도 꾸준히 넓혀가야 하는데?'

인간이 세상을 삶아가는 데 있어 기본적으로 필요한 세 가지는 '의, 식, 주'다. 입는 것, 먹는 것, 그리고 마지막으로 사는 곳, 바로 '집'인 것이다. 나는 노후에 가진 것이라고는 덜렁 집 한 채, 그리고 그곳에 껴 있는 담보대출 이자로 인해 빚에 허덕이는 삶을 살길 바라지 않는다. 그렇다고 월세를 많이 받아서 경제적으로는 여유로운 삶을 사는데 실제로는 좁은 공간에서 궁상떨며 살기를 바라지도 않는다(물론 그래도 전자보다는 후자가 훨씬 낫다). 나는 종국에는 둘 다 만족하는 삶을 살기 바란다. 월세를 충분히 받아 경제적으로도 여유롭고, 동시에 실제 거주하는 집의 수준 또한 높아 삶의 만족도 역시 높길 바란다.

요즘처럼 내 집 마련하기도 힘든 시대에 월세를 받는다는 것도 꿈만 같은데 이 두 마리 토끼를 잡는다는 게 정녕 가능할까? 대한민국이 헬조선이라 불리는 요즘 같은 시대에? 정말 그 둘을 모두 손에 잡을 수 있을까? 물론 가능하다. 해결책은 아이러니하게도 결국 또 '월세 로봇'에 있다.

얼마 전 다음과 같은 기사를 본 적이 있다.

20~30대 가구주가 서울 아파트 한 채를 마련하는 데 걸리는 기간이 계속 길어지고 있다. 통계청에 따르면 2016년 3분기 39세 이하 가구주의 월평균 처분가능소득은 371만 원으로 나타났다. 반면 한국감정원이 파악한 9월 기준 서울 아파트 평균 매매가격은 5억 5,480만 원인 수준이라 단순 계산하면 20~30대 가구주는 약 12년 6개월을 모아야 서울 아파트 평균 매매가를 마련할 수 있다.

연간 기준 월평균 처분가능소득과 매년 12월 서울 아파트 평균 매매가격을 비교해보면 2013년 약 11년 6개월 걸리던 기간이 2014년에는 약 11년 7개월, 2015년에는 약 12년 11개월까지 연장됐다. 처분가능소득은 가구가 벌어들인 소득 중 세금, 공적연금, 사회보험 등을 제외한 것으로, 소비지출분은 배제됐다. 소비지출을 하고 가구가 자산 매입과 저축에 활용할 수 있는 흑자액은 2016년 3분기 기준 월평균 120만 원 정도다. 이를 기준으로 계산해보면 20~30대 가구주가 은행에 의존하지 않고 집을 마련할 때 걸리는 기간은 약 38년 6개월로 늘어난다.

— '2030세대 서울 내 집 마련, 돈 한 푼 안 써도 12년 걸린다',

〈데일리한국〉 동효정 기자

기사를 요약하자면 현재 2030세대가 서울에서 내 집을 마련하는 데 12년 6개월이 걸린다는 것이다. 돈을 한 푼도 안 쓰고 모은다는 것을 전제로 할 때 말이다. 하지만 현실적으로 돈을 안 쓴다는 것은

   평생 돈 걱정 없이 사는 월세 로봇 만들기

불가능하므로 소비지출분을 제외한다면 약 38년 6개월까지 늘어 난다는 것이다. 절망적인 수치가 아닐 수 없다. 그리고 더욱 암울한 것은 여기서 빠진 점이 두 가지나 더 있다는 사실이다.

첫째, 월평균 처분가능소득을 371만 원으로 잡았다는 점
둘째, 그 기간 동안 서울 집값이 오르는 것을 간과했다는 점

통계 조사에는 늘 오류가 있는 법이다. 실제로 현재 2030세대 중 에 월 371만 원을 받는 이가 얼마나 될까? 대다수의 수입이 200만 원 내외일 거라는 게 훨씬 더 현실적인 수치일 것이다. 그리고 또 하나, 그렇게 몇 십 년에 걸쳐 해당 액수를 모으는 동안 집값은 가 만히 있겠느냐는 것이다. 단언컨대 대한민국을 살아가는 평범한 사람들의 소득 상승률은 자산 가치 상승률을 따라잡을 수 없다. 여 기서 우리는 또 하나의 중요하면서도 매우 불편한 진실을 접하게 된다.

> "흙수저로 태어난 이상
> 서울에서 내 집 마련하기란 불가능하다."

그렇다. 월급을 모아 서울에 내 집 마련을 하겠다는 건 불가능하다 는 사실을 받아들여야 한다. 국가가 잘못된 것이 아니다. 집값이 터 무니없이 비싸서 그런 것도 아니다. 원래 선진국에서는 기본 구조가 그렇다. 그 어떤 나라에서 감히 월급을 모아 집 살 꿈을 꾸던가.

요즘 많은 2030세대 싱글들이 월세를 내며 생활한다. 또는 이제 막 결혼생활을 시작하는 이들의 경우 전세를 그 대안으로 택한다. 하지만 이는 현명한 선택이 아니다. 전세는 가난으로 가는 지름길이다.

전세를 살고 있는 사람들에겐 그 전세금이 대부분 전 재산이다. 10억을 갖고 있는 사람이 1억짜리 전셋집에 들어가는 경우는 없다. 대체로 전세금은 자신이 동원할 수 있는 최대한의 돈을 긁어모아 꾸역꾸역 만든 돈이다. 이는 곧 자산가치의 증가를 기대해볼 수 있는 씨앗 자체가 전무하다는 것을 의미한다. 전 재산을 전셋집에 깔고 앉아 있으니 말이다. 이 돈을 일하게 해야 한다. 그렇지 않으면 대안이 없다. 또 2년 뒤 전세금은 어떠할까. 제자리일 것이라 생각하는가. 이미 충분히 당하지 않았는가. 그동안 힘들게 모은 돈이 고스란히 전세금을 올려주는 데 들어갈 것이다. 그러고도 아마 부족할 것이다. 그래서 나온 게 전세자금대출 아닌가. 그렇게 2년, 또 2년, 영원히 전세생활을 벗어날 수 없으며, 현상 유지는커녕 외곽으로 밀려나며 평수를 줄여나갈 것이다. 점점 '전세의 덫'에 빠지는 것이다.

대한민국에서 벗어나야 할 덫은 크게 둘이 있는데 첫 번째가 월급의 덫, 두 번째가 전세의 덫이다. 평생 월급을 위해 내 시간과 노동력을 파는 삶, 계속 전세금을 올려주며 허덕이는 삶, 이 둘에서 벗어나야 하는 것이다.

     평생 돈 걱정 없이 사는 월세 로봇 만들기

감히 집을 사겠다는 것은 언감생심 말도 안 되는 소리고, 그렇다고 2년마다 전세금을 올려주는 삶도 비참하고, 다달이 생돈 나가는 것 같은 월세도 아깝다면 도대체 어떻게 해야 하는 것일까? 답은 다음과 같다.

'꾸준히 월세 로봇을 만들어가면 된다.'

월세 로봇을 꾸준히 만들어가다 보면 종국에는 실거주 문제까지 해결할 수 있다. 언론에서 월급을 모아 집을 사려면 몇 십 년이 걸린다는 식으로 부정적인 여론을 조성하고 불안감을 자극한다고 일일이 화내며 대응할 필요 없다. 이 사실을 그대로 받아들여야 한다.

원래 집은 저축해서 사는 것이 아니다. 대한민국 역사상 그 어느 시기에도 월급을 모아 집을 살 수 있던 시절은 없었다. 늘 월급을 모아 저축한 돈에 대출을 끼거나 전세를 껴서 (즉, 레버리지를 활용하여) 매입하는 식이었다. 그렇게 매입한 부동산이 몇 년이 지나면 얼마씩 올라 자산 가치를 증식시켜주곤 했다. 그 누가 월급이 많고 여유로워서 현금으로 집을 산단 말인가. 원래 부동산은 레버리지를 활용해서 사는 것이다. 투자용이라면 전세를 껴서 갭 투자로 사는 것이고, 실거주용이라면 은행 담보 대출을 받아 들어가야 하는 것이다.

지금부터 기존의 패러다임을 뒤엎는 방법을 소개하고자 한다. 가령 3억짜리 아파트를 2억 원을 대출 받아 샀다고 치자. 악착같이 모은 1억에 레버리지를 활용하여 내 집을 장만한 것이다. 2억 원에 대한 이자는 월 60만 원 정도 된다. 자, 그럼 어떻게 해야 할까? 매달 월급을 받아 그 이자를 갚아나가야 할까? 아니다. 그 이자는 내 월급으로 낼 필요 없다. 그럼 어떻게 해야 할까? 바로 내가 소유한 월세 로봇의 월세(수입)로 충당해야 하는 것이다. 이것이 핵심이다. 이런 식의 발상이 필요하다.

내가 월세 로봇을 통해 60만 원의 추가 월세를 만들었다는 것은 2억 원의 종잣돈을 만들어낸 것과 동일한 효력을 지닌다. 만약 90만 원의 월세를 만들었다면? 약 3억 원의 종잣돈을 만들어낸 것과 같은 효력을 지니는 것이다. 이것이 바로 월세 로봇의 또 다른 위력이다. 따라서 당신이 앞으로 할 일은 다음의 두 가지로 요약된다.

1) 소액으로 월세 로봇을 꾸준히 늘려가며 월세 액수를 늘려나가라.
2) 실거주를 장만할 때에는 레버리지를 극대화해서 마련하라. 그리고 그 이자를 월세 로봇을 통해 충당하라.

월세, 전세, 둘 다 절대 살아서는 안 된다. 둘 다 부자가 되는 것에 반하는 길이기 때문이다. 처음부터 내 집을 마련해서 시작해야 한다. 물론 그 규모나 금액을 처음부터 감당할 수 없는 수준으로 잡아서는 안 된다. 처음에는 작게 시작해야 한다. 대신 내가 실소유주라는 것에 만족감을 느낄 수 있다. 1년 또는 2년마다 이사 가지 않아도 되고, 집 주인 눈치 안 보고 내 집에서 살 수 있다는 건 엄청난 축

 평생 돈 걱정 없이 사는 월세 로봇 만들기

복이다.

당장의 규모는 조금 작아도 좋다. 앞으로 월세 로봇을 계속해서 늘려나가면 된다. 그러면 경제적으로 점점 더 여유로워질 것이다. 그리고 일정 수준에 이르면 레버리지를 극대화해서 실거주의 수준을 높여나가라. 절대 무리해서는 안 된다. 조금은 아쉽다 싶을 정도의 수준으로 사이즈와 수준을 업그레이드 해나가자. 그리고 여기서 핵심은 절대 그 대출 이자를 월급으로 메꾸지 말아야 한다는 것이다. 내 월세 로봇의 이자로 충당해야 한다. 이것이야말로 자본주의 승자로 살아갈 수 있는 발상이다.

부자가 되고 싶다면 절대 허황된 꿈을 꾸어서는 안 된다. 세상을 탓할 필요도 없다. 월급을 모아 집을 살 수 있는 시대는 대한민국 역사상 존재하지 않았다. 현재를 정확히 인식하고 방법을 찾아라. 그곳에 부자가 되는 길이 있다.

월세? 전세? 절대 안 된다.
무조건 내 집에서 시작하라!

끝없는 수익률을 자랑하는 월세 투자의 치명적인 매력

부동산에는 시세라는 것이 있다. 그런데 부동산 초보 투자자들은, 월세 로봇을 만들어갈 사람들은 해당 월세 로봇(부동산)의 현 시세가 일단 옳다는 전제로 출발해야 한다. 왜? 초보 투자자가 해당 부동산의 현 시세가 정말 타당한지, 합리적인지에 대한 판단을 당장 내릴 수는 없기 때문이다. 그러한 내공은 시장을 오랜 시간 지켜본 자만이 조금씩 느낄 수 있는 것이다. 이제 갓 부동산 시장에 진입한 사람이 어설프게 관련 책 몇 권 읽었다고 해서 알 수 있는 것이 아니다. 물론 그러한 눈을 갖추기 위해 끝없이 공부하는 자세는 필수다.

'현 시세는 옳다'는 전제하에 가장 먼저 해야 할 일은 현 시점에서 시세보다 싸게 매입하기다. 월세 로봇을 만들기 위해서는 경매와 공매, 급매, (할인)분양 등의 방법을 활용해 무조건 현 시세보다

평생 돈 걱정 없이 사는 월세 로봇 만들기

싸게 매입해야 한다. 그게 출발점이다. 그러면 시작부터 이기는 게임을 하는 셈이 된다. 아직 차익실현 전이긴 해도 매입하는 순간 일단 돈을 벌었다는, 싸게 샀다는 확신을 갖고 시작할 수 있는 것이다. 이는 사소한 것 같지만 월세 로봇 투자에 있어 매우 중요한 포인트다.

월세 로봇 만들기의 본질은 큰 차익 실현이 아니다. 보유하고 있는 동안 임대 수입을 통한 '경제적 자유 누리기'가 본질이다. 따라서 현재 핫한 시장에서의 추격 매수를 절대 금한다. 시장 흐름을 좇아 매입가와 매도가의 차익을 좇는 '갭 투자'와는 그 본질이 다르다. 그렇게 현 시세보다 싸게 매입한다는 기본 전제조건을 성립한 후 보유하고 있는 동안 임대 수익 내기 단계로 돌입해야 한다. 이 시기가 경제적 자유의 핵심이다.

갭 투자에 재미를 붙인 사람은 갭 투자와 비교했을 때 시세차익의 변동이 덜한 월세 로봇 만들기 투자, 소위 말해 수익형 부동산 투자를 우습게 생각하는 경향이 있다. 그런데 이는 하나만 알고 둘은 모르는 것이다. 매월 꾸준히 통장에 들어오는 월세의 매력을 한번 맛본 사람이라면 절대 그 매력을 잊지 못한다. 버리지 못한다. 이는 보유 월세 로봇(부동산)의 개수가 많아질수록, 그래서 월세 액수가 늘어날수록 그 위력을 더한다.

월세 로봇 투자자들은 부동산 매매가의 변동이나 순간순간의 시세 등락에 절대 일희일비하지 않는다. 그런 것들과 상관없이 월세 로봇들은 꼬박꼬박 나의 통장에 돈을 넣어주기 때문이다. 그 액수가 최소 월 100만 원 이상이 되었을 때 나는 경제적 자유의 문턱을 넘은 것으로 보고, 그 액수가 현재 자신의 월급과 동일해지는 순간 드디어 경제적 자유를 얻을 수 있다고 생각한다. 그 이후부터는 본인의 선택이고 욕심의 문제다. 어차피 절대 기준이 되는 금액이란 없기 때문이다. 내가 일하지 않아도 다달이 꼬박꼬박 돈이 들어오는 부동산 투자, 월세 로봇 만들기의 가치는 전세 위주의 투자, 소위 말해 갭 투자만으로 자산 포트폴리오를 구축한 사람은 절대 알지 못할 것이다.

월세 로봇의 진정한 가치는 마지막 단계인 '미래가치 상승분 얻기'에서 극대화된다. 다달이 월세 수입을 가져다주는 월세 로봇이 거기서 멈추지 않고 훗날 매매차익까지 가져온다면 그 장점은 절정에 달한다. 예를 들면 다음 도표와 같은 식이다.

구분	금액
현 시세	1억
매입가	9,000만 원
담보대출	7,200만 원
임대보증금	1,000만 원/50만 원
담보 대출에 따른 월 이자	7,200만 원*0.035(금리 3.5% 적용) = 252만 원/12개월= 21만 원
실투자금	9,000만 원-7,200만 원-1,000만 원 =800만 원+150만 원(취득세, 법무비 등의 기타 비용 가정)=950만 원
월 순익	50만 원-21만 원=29만 원

이 경우 실투자금 950만 원으로 월 29만 원의 순수익을 얻을 수 있다. 이는 연 36%의 수익률에 달한다. 보유하고 있는 동안 발생할 수 있는 이런저런 비용을 감안하더라도 연 30%를 훌쩍 넘기는 수익률을 내는 것이다. 게다가 만약 임대보증금 1,000만 원에 월세 50만 원이 아닌 임대보증금 1,500만 원에 월세 45만 원, 임대보증금 2,000만 원에 월세 40만 원 등으로 한다면 각각 실투자금은 -450만 원, +50만 원(플러스피 투자)이라는 결과를 가져올 수도 있다. 이때부터 소위 말해 돈 안 들이고 월세 받기, 더 나아가 돈 만들면서 월세 만들기가 가능해지는 것이다.

다시 원래의 수익률에 맞춰 임대보증금 1,000만 원에 월세 50만 원일 경우를 생각해보면 연 30%대의 임대수익률을 내는 훌륭한 투자다. 하지만 여기에 빠진 계산이 있다. 시세 1억의 부동산을 9,000만 원에 매입해 현 시세보다 싸게 샀는데 이 금액이 추후 부동산 매도 시 반영된다면 수익률은 훨씬 더 커진다. 보유하고 있는 동안 누리지 못했던 수익이 더해지는 것이다. 여기서 끝이 아니다. 한 가지가 더 있다. 여기에 미래가치 상승분이 더해져 만약 현 시세가 1억에서 나중에 1억 1,000만 원, 1억 2,000만 원, 혹은 그 이상이 된다면 수익률은 더더욱 올라갈 것이다.

① 시세보다 싸게 매입해서 낸 차익

② 보유하고 있는 동안의 임대수익

③ 훗날 미래의 시세차익

이 세 가지가 합쳐진다면 총 수익은 어마어마해진다. 이게 바로 월세 로봇의 위대하고 치명적인 매력이다. 총 수익을 매입 시점에 들인 실투자금으로 나눈다면 실질 수익률이 몇 백 프로를 상회하는 것도 가능한 일이다.

무엇보다 가장 중요한 것은 내가 일하지 않고도 돈이 들어오는 시스템을 구축해나가는 것이다. 큰돈이 필요치는 않다. 직장인 몇 달치 월급이라면 충분히 가능하다. 혹은 전혀 들지 않을 때도 있다. 그렇게 적더라도 차근차근 꾸준히 월세 로봇을 만들어가면 된다. 그러다 보면 어느 순간 월세 100만 원이라는 경제적 자유의 문턱을 넘을 수 있고, 월세가 월급을 넘어서는 순간 진정한 경제적 자유인으로서의 인생을 누릴 수 있을 것이다.

수익형 부동산 투자 시대에
필요한 안목을 길러라

3개월에 3,000만 원 벌기

아파트의 경우 보통 급매(일반 매매)로 많이 투자한다. 원하는 지역의 물건을 사고 싶을 때 사려면 경매로는 한계가 있기 때문이다. 또 아파트 투자의 경우 대개 월세가 아닌 전세를 준다. 그런데 나는 월세 투자(임대수익 투자)를 좋아한다. 나는 경매 전문가가 아니다. 상가 투자 전문가도 아니고, 갭 투자 전문가 또한 아니다. 다만, 나는 시스템을 까는 데에는 고수다. '판' 까는 것을 잘하는 편이다. 또한 단기매수-매도보다는 '시스템화(월세 로봇)' 시키는 것을 좋아한다. 이는 어쩌면 투자 초창기 치열한 고민을 통해 내린 답이기도 하다.

사실 2010~2014년까지 대한민국 부동산 시장은 굉장히 잠잠했다. 특히 수도권 부동산 시장은 말할 것도 없었다. 부동산 비관론이

곳곳으로 퍼져나가며 관련 주장을 펴는 이들은 거의 신처럼 추앙받기도 했다. 그러다 최근 3년 사이 완전히 다른 세상이 열렸다. 현재 부동산 커뮤니티에서 활발히 활동하는 분들은 대부분은 부동산 시장이 한창 꿈틀거리기 시작한 2~3년 전부터 부동산 투자 시장에 진입한 경우가 많다. 이들은 월세보다는 전세 갭 투자에 좀 더 관심을 갖는 경향이 있다.

그나마 올해 들어서는 조금 덜해지긴 했지만 작년에는 그야말로 갭 열풍이었다. 지방에 사는 투자자들이 버스를 대절해서 상경하기도 하고, 관련 강의들도 많이 생겨났다. 이는 분양시장으로도 번져 수십 대 일의 경쟁률은 일상화된 지 오래다. 그래서 월세 투자를 우습게 생각할 수도 있는데, 부동산 시장은 그렇게 호락호락하지 않은 것이 사실이다.

머지않아 수익형 부동산 투자 시대가 다시 도래할 것이다. 물론 나 또한 월세 투자만 하고 있지는 않다. 2015년 가을 이후부터 나는 부동산 투자에 있어서 투-트랙 전략을 구사하고 있다. 이때는 내가 부동산 투자자로서 한 단계 진화한 시기이기도 하다.

기존에 임대 세팅 위주로, 월세 로봇 위주로만 자산 포트폴리오를 구성해오던 나는 이 시점에 서울과 수도권의 중형아파트에 본격적인 갭 투자를 진행했다. 그럼으로써 임대수익은 상가를 중심으로 발생시키고, 아파트 투자를 통해 미래 시세차익을 기대하는 것이다. 당장의 현금흐름이 나오지 않더라도 말이다. 이는 내가 그동안 많은 월세 로봇 투자를 위해 현재의 충분한 현금흐름을 발생시켜놓았기에 가능한 일이다. 그만큼 당장의 현금흐름 만드는 일은 매우 중요하다. 그 자체가 매월 순익의 증가이고, 나날이 여유로워질 수 있는 이유이며, 다른 투자 물건의 미래 가치 상승을 기다릴 수 있게 해주는 버팀목이기 때문이다.

어느 날 약 3개월 만에 계약했던 아파트 물건의 잔금을 치르기로 하고 매도자, 매수자(나), 중개인, 임차인(전세 계약자) 네 사람이 한자리에 옹기종기 모여 앉았다. 전세 계약을 새로 하면서 나는 전세 보증금을 매수 잔금으로 활용했다. 정신없던 계약이 끝나고 매도자와 임차인이 자리를 떠난 뒤 나는 사무실에 남아 냉커피를 한잔 마시며 중개인과 이런저런 이야기를 나누었다.

부동산 중개인: 사장님, 집값이 올랐네요. 4억 밑으로는 없어요.(매입가: 3억 7,000만 원)

나: 아, 그래요?

부동산 중개인: 축하드려요. 2년 뒤에 비과세로 전환되면 파세요. 그때도 저희가 해드릴게요.

나: 네, 그때도 잘 처리해주세요.

3개월 만에 집값이 3,000만 원 오른 것이다. 집값이 단기간에 이렇게 오를 줄 알았다면 과연 매도자가 집을 팔았을까? 안 팔았거나 좀 더 가지고 있었을 가능성이 크다. 집값이 단기간에 이렇게 오를 줄 알았다면 과연 임차인은 어떤 선택을 했을까? 대출을 껴서 어떻게든 집을 사려고 했을 것이다.(물론 예외의 경우도 있다. 그럼에도 전세를 택했을 가능성도 있다. 오랜 기간 만들어진 한 개인의 사고방식은 쉽게 바뀌지 않기 때문이다.)

집값이 단기간에 이렇게 오를 줄 알았다면 과연 부동산 중개인은 어떤 선택을 했을까? 중개가 아닌, 본인이 직접 매입했을 것이다. 여기서 알 수 있는 것이 해당 지역의 중개인이라고 해서 그 지역(물건)의 가치를 제대로 볼 수 있는 것은 아니라는 사실이다. 시야가 갇혀 있고, 편견이 있을 수 있기 때문이다. 그렇기에 답사(임장)를 할 때에는 중개업자의 의견을 무조건적으로 믿지 말고 정확한 사실만 객관적으로 파악하는 훈련을 해야 한다.

같은 시간대, 같은 곳에서, 같은 물건을 보고 있던 네 명은 각기 다른 선택을 했다. 그중 한 사람만 짧은 기간 짭짤한 수익을 냈고, 나머지 셋은 기회를 놓쳤다. 그러다 몇 년 후 집값이 억 이상 올라 있는 것을 보며 그때 사지 못했던 것, 팔았던 것을 크게 후회할 것이다.

중요한 건 '안목'이다. 우리 모두 안목을 기르기 위해 노력해야
한다. 그 안목이란 결국 '지식+경험'에서 나오는 것이다.

3

월세 로봇으로
한 달에 100만 원
월세 받기

월세 100만 원 만들기 프로젝트를 시작하다

월세 10~20만 원이 들어온다고 해서 인생이 갑자기 달라지지는 않는다. 하지만 100만 원이라면 이야기가 달라진다. 팍팍한 생활 속에서 확실히 조금은 여유가 생기는 것을 느낄 수 있을 것이다. 월급 100만 원 올리기가 어디 쉬운가? 그런데 월급 이외에 매달 100만 원의 소득이 들어온다면? 심지어 일하지 않고도 들어오는 돈이라면?

나는 2016년 1년간 월세 100만 원 만들기 프로젝트를 진행하기로 했다. 초보 투자자 한 명을 대상으로 1년간 월세 100만 원을 만들어주는 사상 초유의 프로젝트였다. 힘겨운 투자시장에서 초보자들도 할 수 있다는 희망을 주고 그 가능성을 보여주기 위해 진행한 것이었다.

프로젝트는 결과적으로 1년이 지나지 않은 시점(2016년 10월)에

조기 성공을 거둔 채 마무리되었다. 프로젝트의 당사자였던 초보 투자자는 매달 월세(순수익)를 100만 원씩 받는 사람이 되었으며, 이로 인해 앞으로 평생 매달 통장에 월세가 100만 원씩 꼬박꼬박 들어오는 인생을 살게 되었다. 물론 단지 이것만으로 경제적 자유를 완전히 이루었다고 할 수는 없지만, 1년이라는 짧은 기간 동안 이루어낸 성과라는 면에서 그 의미가 상당하다고 본다. 이제 경제적 자유의 문턱 정도는 넘었다고 할 수 있을 것이고, 앞으로 경제적 자유를 누리는 그날까지 그리 멀지 않았다고 본다.

그렇다면 매달 월세(순수익)를 100만 원씩 받으려면 돈이 얼마나 있어야 할까? 만약 은행 예금을 통해 월 100만 원의 이자 수익을 올리려면 얼마의 돈을 넣어두어야 할까? 현재 은행의 정기예금 금리를 평균 1.5%라고 했을 때 1억 원을 넣어놓으면 한 달에 약 12만 5,000원의 이자가 들어온다. 1억에 이자가 12만 5,000원이므로 한 달에 100만 원씩의 이자 수익을 거두려면 현금 8억 원을 넣어두어야 한다.

웃음밖에 나오지 않는다. 내가 부동산 투자를 처음 시작하던 2007년 무렵에는 월 100만 원의 이자를 받으려면 은행에 3억 정도를 넣어두면 되었다. 그런데 약 10년 가까이 흐른 지금, 월 100만

  평생 돈 걱정 없이 사는 월세 로봇 만들기

원의 이자를 받으려면 그보다 두 배도 넘는 돈, 세 배에 육박하는 8억을 넣어두어야 하는 시대가 온 것이다. 월 100만 원의 이자 수익을 거두는 방법은 이처럼 굉장히 간단하다. 월급을 열심히 모아 아끼고 아껴 저축을 해서 은행에 8억을 넣어두면 된다. 그런데 8억을 모으려면?

현재 대한민국 직장인의 평균 월급이 200~300만 원이라고 했을 때 아끼고 아껴 한 달에 100만 원씩 저축한다면 1년에 1,200만 원을 모을 수 있다. 물론 이 또한 현실적으로 쉽지는 않다. 한 달에 100만 원씩 꼬박꼬박 저축하는 사람이 얼마나 있겠는가?

2016년 기준 대한민국 2인 가구의 최저생계비는 110만 7,000원이라고 한다. 월급이 200~300만 원이라 했을 때 매월 100만 원 저축이 아예 불가능한 것은 아니다. 그럼 계산해볼까?

한 달 100만 원 저축*12개월(1년)=<u>1,200만 원</u>

한 달에 100만 원씩 저축하면 1년에 1,200만 원이 모인다. 그리고 이와 같은 과정을 10년간 지속했을 때 모을 수 있는 돈은 다음과 같다.

1억 2,000만 원, 즉 1억이 조금 넘는 금액이다. 1억 원이란 돈은 이처럼 어마어마한 금액이다. 요즘 각종 언론매체를 통해 연예인이나 스포츠 스타들의 수억, 수십억 되는 수입을 수시로 접하다 보니 돈에 대한 현실감을 잃을 수도 있는데, 대한민국을 살아가는 보통의 직장인이 1억을 모으려면 평균적으로 10년 가까운 세월이 걸리는 것이다. '억'이란 그만큼 무시무시한 돈이다. 10년이라는 세월, 그리고 그 세월 동안 나의 노동력과 맞바꾼 대가이기 때문이다. 그런데 여기서 더 비극적인 것은 이렇게 10년간 모은 1억여 원의 돈을 은행에 넣어봤자 한 달에 나오는 이자는 20만 원도 되지 않는다는 것이다.(금리 1.5% 가정 시 1억 원에 대한 한 달 이자는 12만 5,000원이다.)

월 100만 원 정도의 이자 수익을 거두려면 8억을 모아야 하고, 이는 산술적으로 66년 6개월이 필요하다는 결론이 나온다. 66년 6개월 뒤 당신의 나이는 몇인가? 심지어 이는 이자 수익 월 100만 원에 해당하는 기간이다. 경제적 자유를 얻기 위해 현재 내 월급만큼은 한 달에 들어와야 한다고 가정했을 때 이자 수익 200만 원이라면 66년 6개월*2, 300만 원이라면 66년 6개월*3 등으로 계산되는 것이다. 이를 통해 명확한 답을 하나 찾을 수 있다. 대한민국을 살아가는 보통의 직장인이 은행 이자를 통해 경제적 자유를 얻는 것은 불가능하며, 월 100만 원의 이자 수익을 기대하는 것 또한 66년 6개월 뒤의 일이므로 현실적으로 어렵다고 봐야 한다는 것이다. 물론 앞으로 소득(월급)이 꾸준히 증가하고, 결혼을 해서 배우자와 맞벌이를 한다면 저축 액수가 증가할 수 있을 것이다. 그러면 그 기간을 조금은 앞당길 수 있을 것이다. 하지만 자연스레 출산과 양육에 따른 추가 지출이 잇따르게 마련이며, 결국 경제적으로 급격히 나아지는 일은 발생하지 않을 것이라는 사실을 알 수 있다.

여기서 우리는 알 수 있다. 정말로 "월급쟁이 부자는 없다"라는 사실을 말이다. 그렇다면 이 지점에서 당신은 자연스레 '투자'라는 것을 생각해볼 수 있는데, 투자의 사전적 정의는 다음과 같다.

투자: 이익을 얻기 위해 어떤 일이나 사업에 자본을 대거나 시간이나 정성을 쏟음

투자(投資), 던질 '투'에 재물 '자', 즉 재물을 던져야 한다는 뜻이다. 이익을 얻기 위해 ①자본을 대거나, ②시간이나 ③정성을 쏟아야 하는 것이다. 단순히 자본을 투자하는 행위만을 의미하는 것이 아니다. 자본(돈)은 물론 시간과 정성도 쏟아야 한다. 그래야 던져진 돈이 자신의 친구를 끌고 더 큰 금액이 되어 돌아온다. 그게 투자의 본질이다. 던져진 돈이 더 커져서 돌아오는 것.

투자 대상에는 수많은 종류가 있지만 크게 둘로 요약된다. 실물과 금융, 그리고 이를 대표하는 두 가지가 바로 부동산(실물)과 주식(금융)이다. 나는 이왕이면 부동산에 투자하길 바란다. 부동산은 실물이어서 남고, 주식은 금융이어서 숫자에 불과한 종이쪼가리만 남는다는 이야기를 하는 것이 아니다. '부동산은 안전하고 주식은 위험하다'는 이야기를 하고 싶은 것도 아니다. 무엇보다 당신이 '경제적 자유'를 누리길 바라기 때문이다.

주식을 통해서는 '경제적 자유'를 누릴 수 없다. 경제적 자유를 누리려면 일하지 않고도 돈이 나오는 구조를 만들어야 한다. 즉, 나의 시간과 노동력을 팔지 않고도 계속해서 돈이 흘러들어오는 시스템을 갖추어야 한다. 이를 보통 '파이프라인'이라는 말로 표현한다. 물이 필요할 때마다 저수지에 가서 물을 길어 와야 하는 것이 아니라 수도꼭지만 틀면 언제든 나올 수 있게 한다는 의미다. 그래야 경제적 자유를 누릴 수 있는 것이다. 단연코 주식을 통해서는 이를 달성할 수 없다. 평범한 직장이 배당주를 통해 경제적 자유를 누리기에는 종잣돈이 너무 적기 때문이다. 주식 배당을 통해 진정한 경제적 자유를 누리는 것은 대주주와 그의 일가, 또는 그에 버금가는 주식을 보유한 일부 슈퍼개미들의 이야기일 뿐이다.

나는 '부동산'에, 이왕이면 '월세'를 근간으로 해서 투자하기를 권한다. 그래서 '노동력'으로 벌어들이는 소득 말고, 그 밖의 소득도 생기길 바란다. 즉, 일하지 않고도 들어오는 돈이 생기기를 바란다. 그리고 그 금액이 해가 거듭될수록 커지길 바란다. 그래서 그 금액이 당신의 월급을 뛰어넘는 날이 오기를 바란다. 매년 경제적으로 윤택해지며, 나날이 경제적으로 여유로운 삶을 살기를 바란

    평생 돈 걱정 없이 사는 월세 로봇 만들기

다. 작년보다는 올해가, 올해보다는 내년이 더 기대되는 삶을 살길 바란다. 그러기 위해서는 일하지 않고도 돈이 들어오는 시스템을 만들어야 한다. 이러한 시스템을 만드는 방법은 몇 가지가 있으나 부동산이야말로 가장 손쉽고 가능성이 높은 길이다. 대한민국에서 이보다 더 현실적이고 가능성 높은 길은 없다. 조금만 노력한다면, 남들과 조금만 다른 정성을 쏟는다면 '경제적 자유'를 누리는 것은 그리 어려운 일이 아니다. 이는 단순히 '월세 받고 살라'는 의미가 아니다. 그런 삶을 한번 살아보겠다는 '희망적'이면서도 '현실적'인 꿈을 꾸라는 것이다.

대한민국에서 부동산 임대업을 한 번쯤 꿈꿔보지 않은 사람은 없을 것이다. "조물주 위에 건물주 있다"라는 말이 괜히 나온 것은 아닐 것이다. 그만큼 회사에 다니지 않고, 월급 대신 월세를 받으며 사는 것은 이 땅을 살아가는 많은 이들이 꿈꾸는 일이다. 그런데 문제는 다들 꿈만 꾼다는 것이다. 왜 이를 현실화할 생각을 하지 않는가. 왜 내 인생에서 그러한 일이 실질적으로 일어나게끔 노력하지 않는가. 부동산 투자를 하려면 많은 돈이 필요하다고 생각해서? 큰 목돈이 없어서?

앞에서도 설명했듯이 대한민국의 평범한 직장인이 단기간에 억대의 목돈을 쥔다는 것은 현실적으로 매우 어렵다. 그래서 왠지 억대의 투자금이 들어갈 것 같은 부동산 투자는 남의 일이라고 생각하기 쉽다. 내가 가진 고작 몇 백, 몇 천의 돈으로는 힘들 거라는 생각하기 쉽다. 하지만 절대 그렇지 않다. 부동산 투자는 반드시 큰돈이 있어야만 가능한 것이 아니다. 바로 '레버리지'라는 무기를 활용할 수 있기 때문이다.

자, 이 사실을 숙지했다면 모든 준비는 끝난 것이다. 지금부터 월세 100만 원 만들기 프로젝트의 내용을 공개한다.

 평생 돈 걱정 없이 사는 월세 로봇 만들기

부동산 매입으로
종잣돈 만들기

1년간 월세 100만 원 만들기 프로젝트에 참여한 초보 투자자는 3,000만 원이 조금 넘는 종잣돈을 보유하고 있었다. 나는 개인적으로 통상 1,000만 원을 투자하여 20만 원 내외의 수익이 나면 우수한 편이라고 본다. 월 순수익이 20만 원 나올 경우 연 수익은 20만 원*12개월=240만 원이 된다. 1,000만 원을 투자해서 연 240만 원의 수익이 나온다면 수익률은 다음과 같이 계산할 수 있다.

$$240만 원/1,000만 원=0.24*100=24\%$$

연 20%대의 수익률을 보장해주는 투자 대상이 세상에 어디 또 있을까? 심지어 그것이 단순 일회성이 아니라 매년 꾸준히 이어진다면? 그 금액을 복리로 환산하면 총 얼마인가? 게다가 애초에 시세보다 싸게 매입하고, 추후 매도할 때 시세차익까지 발생한다면? 하지만 애초에 내가 프로젝트의 목표로 삼은 기간은 1년이었다. 즉, 1년 넘는 기간을 목표로 삼았다면 전략은 달라졌을 것이다.

예를 들어 3년간 월세 300만 원 만드는 것을 목표로 한다고 하자. 그럼 매년 100만 원씩 3년 동안 채워가며 만드는 방법이 있고, 첫해에는 50만 원 정도만 만들고 2년 차에는 100만 원을 만들고 3년차에 나머지 150만 원을 만드는 방법이 있다. 혹은 2년 동안은 별다른 수입이 없다가 3년차에 한꺼번에 300만 원을 만드는 방법도 있다. 더 나아가 큰 시세차익을 기대하지 않고 월 순수익 자체에만 집중하는 전략도 있고, 월 순수익은 좀 낮더라도 미래 시세차익 가능성에 많은 무게 중심을 두며 투자하는 전략도 있다. 이는 투자 지역, 투자 대상의 종류, 매입 방법, 임대 방식 등에 따라 달라진다.

이번 프로젝트의 목표는 아주 심플했다. 시세차익 가능성도 기대하면 당연히 좋겠지만 그 문제는 일단 추후에 생각해보기로 했다. 당장 1년 안에 월세 100만 원을 만드는 것 자체가 중요했다. 그리고 무엇보다 중요한 것은 실투자금을 최소화하는 것이었다. 앞서 1,000만 원을 투자했을 때 월 20만 원의 월세가 발생하면 훌륭한 투자라고 했는데, 현재 초보 투자자가 3,000만 원이 조금 넘는 돈을 갖고 있으므로 단순히 산술 계산을 했을 때 월세가 60만 원이 된다

　　　　　평생 돈 걱정 없이 사는 월세 로봇 만들기

는 결론이 나왔다. 3,000만 원을 투자하여 월 순수익 60만 원을 남
긴다는 것은 투자라는 것을 조금만 해본 사람이라면 굉장히 훌륭
한 수익률이란 것을 잘 알 것이다. 하지만 내가 목표로 삼은 것은
월세 100만 원이었다. 40만 원이 부족했다. 즉, 이보다 더 훌륭한 투
자를 해야 했다. 좀 더 정확히 말하자면 투자 대비 수익률을 더 올
릴 수 있는 투자를 해야 했다.

초보 투자자에게는 일단 꾸준히 저축을 하라고 했다. 매월 자신
의 시간과 노동력을 팔아 받는 '월급'의 소중함을 다시금 인지할
수 있게끔 했다. 그리고 앞으로 1년간은 이것저것 하고 싶은 것, 먹
고 싶은 것, 사고 싶은 것을 최대한 참아서 아끼고 절약하는 생활을
해야 한다고 일러주었다. 이처럼 꾸준한 절약과 저축은 필수다. 그
렇게 추가적으로 1년간 1,000만 원을 더 모은다면 종잣돈이 4,000
만 원 정도가 될 것이고, 이 돈이라면 월세 80만 원은 충분히 만들
수 있었다. 하지만 내겐 다른 생각이 있었다. 나는 좀 더 적극적인
액션을 취하기로 했다.

꼭 월급을 모아서만 종잣돈을 만들겠다는 것도 편견이다. 나는
부동산을 매입함으로써 종잣돈을 만들 계획을 세웠다. 즉, '플러스
피' 투자를 하기로 한 것이다. '플러스피' 투자는 하겠다고 마음먹
는다고 해서 당장 할 수 있는 것은 아니다. 수익 가능성이 있는 물
건을 열심히 찾아야 하고, 이를 찾았을 때 '레버리지'를 극대화해
야 한다. 내가 부동산을 매입할 때의 주된 방법인 '부동산 경매'를
주된 수단으로 활용하기로 하고, 급매와 분양 등의 가능성도 저버

리지 않았다. 모든 가능성을 다 열어놓았던 것이다. 그리고 기회가 왔을 때 절대 그 기회를 놓치지 않으리라 마음먹었다. 투자자는 그래야 하는 법이다.

내가 취한 전략은 경매를 통해 1억 미만의 다세대(빌라)를 낙찰받아 보증금 2,000만 원 이상에 임대해주고 낙찰가의 80%를 대출받는 것이었다.(통상 부동산 경매는 낙찰가의 80%, 감정가의 70% 중 적은 금액으로 대출이 나온다.) 담보대출 금액과 임대보증금의 합이 낙찰가를 뛰어넘어 그 잉여를 남길 셈이었다.

담보대출금액 + 임대보증금 > 부동산 매입가

이러한 계획을 세워놓은 상태로 물건 검색을 시작했다. 나는 무엇보다 물건 검색에 심혈을 기울였다. 1년간 월세 100만 원을 만드는 물건 여러 개를 매입한다고 했을 때 꼭 2~3개월 단위로 물건을 규칙적으로 매입해야 하는 것은 아니기 때문이다. 5개월 동안 물건 매입을 하나도 못하더라도 6개월째 한꺼번에 세 개를 매입할 수도 있는 것이 부동산이다. 언제나 기회는 규칙적으로 찾아오지 않는다. 그렇기에 늘 준비되어 있어야 한다.

그러던 어느 날 나의 계획에 적합한 물건을 발견했다. 매매가가 1억 이하인데 교통편이 훌륭하고 아파트 단지 내에 둘러싸여 있었다. 이는 매우 중요한 점을 시사한다. 원래 부동산이란 해당 부동산으로만 그 가치를 평가할 수 있는 것이 아니다. 부동산의 가치는

     평생 돈 걱정 없이 사는 월세 로봇 만들기

그 주변을 둘러싸고 있는 '입지'로 결정되는 법이다. 똑같은 사이즈, 똑같은 외관의 건물이라도 소재하는 위치와 배열된 방식에 따라 가치는 크게 달라진다. 그러므로 부동산 투자자는 늘 주변과의 연계성을 고려하여 해당 부동산의 가치를 판단하는 훈련을 해야 한다.

보는 관점에 따라 볼품없는 소규모 빌라라고 생각될 수도 있었지만 나는 전혀 그렇게 생각하지 않았다. 빌라는 아파트촌에 인접해 있었다. 그래서 아파트 단지 주변으로 가득 찬 편의시설을 마치 아파트에 사는 양 누릴 수 있었다. 또한 지하철역이 400미터 거리에 가깝게 위치해 있었다. 매매가가 1억 이하의 작은 물건이지만 충분히 2,000만 원 이상으로 세를 놓을 수 있을 것으로 판단되었다.

또 하나 기대해볼 만한 장점이 더 있었다. 매각물건 명세서상 임차인의 전입일이 1년 조금 지난 상황이었다. 전액 배당을 다 받아가는 임차인이고, 거주 기간 또한 짧으니 충분히 재계약을 노려볼 수 있었다. 사람 심리라는 게 그렇다. 누구나 움직이는 걸 귀찮아한다. 이사에 따른 수고로움과 각종 비용이 그 집에 머물게끔 하는 것이다.

2등과 근소한 차이로 낙찰을 받고 임차인을 만났는데, 첫 대면 시 그가 이 집을 떠나고 싶어 하지 않는다는 것을 알 수 있었다. 부동산 경매 초보자들이 명도 시 꼭 실수하는 것이 있는데, 바로 본인이 준비해간 내용을 떠들기 바쁘다는 것이다. 내가 낙찰자이고, 언제 잔금이 납부되니 당신은 그 이후로는 나가야 하고, 나에게는 이

사비를 줄 법적 의무가 없고 등등 자신이 그간 공부한 티를 어떻게든 내고 오고 싶어 한다. 점유자보다 자신이 우위에 있다는 것을 뽐내는 실수를 범하는 것이다. 말을 많이 하는 사람은 어떤 식으로든 그 허점을 남기게 마련이다. 그래서 성공하는 덕목에 늘 '경청'이 있는지도 모른다. 첫 대면에서는 점유자의 말을 최대한 듣고 와야 한다. 대화의 총량이 100이라 했을 때 90 이상을 점유자가 차지하게끔 해야 한다. 낙찰자는 그저 한 번씩 질문과 경청 위주로 대화에 임해야 한다. 주로 상대가 말하게끔 하면서 그의 현재 상황, 향후 계획, 진짜 속내 등을 읽어내야 한다.

예상했던 대로 그 임차인은 더 살고 싶어 했다. 기회였다. 경매 낙찰자에게 있어 가장 좋은 기회 중 하나는 점유자가 재계약 의사를 내비칠 때다. 나는 이 기회를 적극 활용하기로 했다. 바로 임차인을 전세로 전환하는 것이었다. 월세 100만 원 프로젝트에서 가장 우선시한 목표는 실투자금을 최소화하는 것이었다. 나는 이번 기회에 종잣돈을 한번 제대로 만들어보기로 했다. 최우선변제권 금액만큼 보증금을 최대한으로 높여 재계약을 진행했다. 최우선변제권에 대한 사전 배경지식이 있었던 임차인은 이를 순순히 수용했다. 이는 다음과 같은 최종 결과를 만들어냈다.

   평생 돈 걱정 없이 사는 월세 로봇 만들기

<월세 로봇 1호기 투자 내역>

매입가 (1)	6,400만 원	보증금(4)	2,700만 원
매입경비 (2)	110만 원	월세	-
총 매입액 (1)+(2)	6,510만 원	월 이자	-128,000원
대출금	5,100만 원	월 순익	-128,000원
투자금 (3)	1,410만 원	연 순수익	-
실투자금 (3)-(4)	+1,290만 원	연 수익률	-

※ 상세 대출 조건: 새마을금고(MCI 사용), 대출 금액 51,000,000원, 이자 3.19%, 3개월 변동, 5년 거치, 5년 만기, 중도상환 수수료 3개월 0.5%

나는 발상의 전환을 통해 낙찰을 받고 잔금 대출과 전세보증금을 활용해서 1,290만 원의 종잣돈을 만들었다.

→ +1,290만 원의 종잣돈 만들기!

초보 투자자가 단순히 저축을 통해 이 금액을 만들려면 1년도 더 걸렸을 것이다. 물론 매월 현금흐름은 −12만 8,000원이다. 잔금 대출에 대한 이자를 납부해야 하기 때문이다. 따로 받는 월세는 없었다. 이제 해야 할 일은 만들어진 종잣돈 1,290만 원을 빠른 시일 내에 적극 활용하여 월세 로봇 2호기 물건을 만드는 것이었다. 예상했던 것보다 더 많은 플러스피를 만들어냈으며, 일시적으로 발생한 마이너스 현금흐름은 추후 2호기, 3호기 투자를 통해 보충하면 될 문제였다.

지금 당신에게 필요한 것은 '용기'

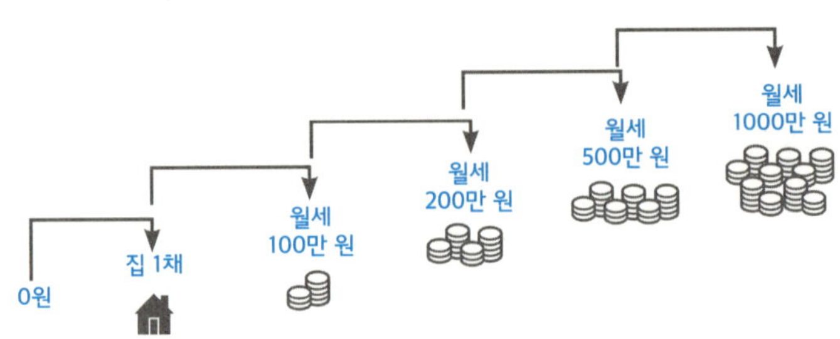

　1년 안에 월세 100만 원 만들기 프로젝트를 진행할 때 가장 어려운 것은 무엇일까? 더 나아가 훗날 월세 1,000만 원을 받는 부자가 되기까지의 과정 중 가장 어려운 것은 무엇일까? 누군가 내게 이렇게 묻는다면 나는 단호하게 이렇게 말할 것이다.

　"1호기를 만드는 단계가 가장 힘듭니다."

　한 개인의 '생각'이란 쉽사리 바뀌지 않는 법이다. 사람만큼 변하기 쉬운 것도 없지만, 또 반대로 사람만큼 참 안 변하는 것도 없지 않은가. 월급이 내 전부인 삶을 살다가, 돈이라는 건 오로지 나의 직접적인 시간과 에너지를 투자하여 노동력으로만 버는 것이 전부라고 생각하며 한평생 살아오던 이가, '내가 일하지 않고도 돈을 벌 수 있구나!’라는 것을 깨닫는다는 것은 참으로 힘든 일이다. 그리고 그 깨달음을 바탕으로 실행으로까지 옮긴다는 건 더욱더 어려운 일이다. 정말 쉽지 않다.

부동산 투자로 돈을 버는 데에는 크게 4가지 정도가 필요하다.

첫째, 돈
둘째, 지식
셋째, 사람

그리고 하나가 더 있다.

넷째, 바로 ‘용기’다.

10여 년 전, 첫 부동산 투자를 하던 그때가 지금도 생생하다. 가진 돈도 부족하고, 부동산 지식은 무지하며, 주변에 누구 하나 도움 청할 곳 없던 그 시절. 그럼에도 불구하고 내가 도전할 수 있었던 건, 성공할 수 있었던 건 나 스스로 ‘용기’를 냈기 때문이었다. 아직은 때가 아니라며, 준비가 부족하다며 충분히 미룰 수도 있었다. 하지만 그간의 임장 내용, 현 시세보다 확실히 싸다는 판단을 믿고 과감히 결단했고, 그 하나의 결정이 지금의 나를 만든 것이다.

어쩌면 첫 번째 월세 로봇에서 나오는 액수는 너무 소액이라 당장에는 중요하지 않아 보일 수 있다. 그러나 내가 강조하고 싶은 것은 금액이 아니다. 한 번의 용기를 통해 새로운 길을 발견하고 인생의 새로운 꿈을 꾼다는 그 자체가 중요한 것이다. 희망이 보이지 않던 길목에서 작게나마 희망의 불씨를 발견하고 거기서 한바탕 제대로 놀아보는 것, 그것이야말로 진짜 의미 있는 행위가 아닐까.

월세 로봇 1호기!
그대여, 용기를 내시라!

마이너스 현금흐름 플러스로 바꾸기

1호기 투자는 성공적이었다. 비교적 큰 목돈을 만들어냈으니 말이다. 하지만 1호기에서는 아직 플러스(+) 현금흐름을 만들어내지 못했다. 오히려 다달이 나가는 대출 이자로 인해 마이너스(-) 현금흐름이 발생되는 상황이었다. 지체할 시간이 없었다. 하루빨리 2호기 투자를 계획해야 했다.

물건 매입에 있어서 큰 원칙은 변하지 않았다. 이번에도 미래의 시세차익 가능성은 일단 차후의 문제라고 생각했다. 1년 안에 월세 100만 원을 만드는 것이 주목적이었다. 관건은 실투자금을 최소화하여 확정 임대수익을 만드는 것이었다. 경매를 일단 주된 매입 방법으로 활용한다는 것에도 변함은 없었다. 그러던 어느 날 월세 로봇 2호기 물건을 만났다.

<월세 로봇 2호기 투자 내역>

매입가 (1)	8,000만 원	보증금(4)	2,000만 원
매입경비 (2)	264만 원	월세	40만 원
총 매입액 (1)+(2)	8,264만 원	월 이자	- 165,000원
대출금	6,400만 원	월 순익	+ 235,000원
투자금 (3)	1,864만 원	연 순수익	-
실투자금 (3)-(4)	+ 136만 원	연 수익률	의미 없음

※상세 대출 조건: 새마을금고(MCI 사용), 대출 금액 64,000,000원, 이자 3.1%, 3개월 변동, 3년 거치, 3년 만기, 중도상환 수수료 3개월 0.5%

　낙찰가가 1억 미만인 물건으로 2,000만 원 이상의 높은 임대보증금을 기대하기 위해서는 무조건 역세권이어야 했다. 입지가 탁월해야 했다. 깨끗한 신축을 찾기보다는 조금 연식이 되었더라도 임대 수요가 풍부한 곳이어야 했다. 2호기는 역에서 500m 정도 되는 거리(700m 정도면 보통 역세권으로 본다)에 연식 또한 2,000년 식으로 적당히 노후화된 건물이었다. 다만 임차인이 경매 신청권자로서 재계약 가능성은 거의 없다는 것이 아쉬운 점이었다.

　실제로 방문해보니 연식에 비해 물건 상태는 나쁘지 않은 편이었다. 층수는 4층 중 4층으로 꼭대기 층이어서 단점으로 보일 수도 있었으나, 이는 하나만 알고 둘은 모르는 소리였다. 이 물건은 투룸의 작은 빌라로 모든 세대의 크기가 비슷했다. 이 정도 사이즈 빌라의 주된 임대 수요층은 신혼부부 또는 싱글족이다. 자녀가 있는 부부는 아예 거주 자체가 불가능하다. 또한 주변이 번화가이기에 나이 드신 분들의 수요 또한 거의 없다. 어차피 싱글이거나 신혼부부라면 4층이라 할지라도 걸어 올라가는 것은 그리 큰 문제가 되지 않는다. 오히려 높은 층수에서 오는 개방감과 조망이 더 큰 장점으로 작용하기도 한다. 실제 이 물건은 명도 후 부동산에 내놓았을 때 짧은 기간 안에 부동산으로부터 상당히 많은 전화를 받았다. 임대가 끝난 이후에도 집이 나갔느냐는 전화가 계속 걸려올 정도였다. 그만큼 수요가 탄탄한 지역이었던 것이다.

임차인은 하루빨리 보증금을 배당 받아 나가고 싶어 하는 경매 신청자였기에 명도가 특별히 힘들 일은 없었다. 임차인은 배당 기일만 손꼽아 기다리고 있는 상황이었다.

명도 후 나는 도배와 화장실 수리를 전문가에게 맡겼고, 문짝 등의 간단한 페인트칠은 셀프로 진행했다.

<월세 로봇 2호기 내부 사진>

　최종 임대 세팅까지 마치고 나니 +136만 원의 플러스피가 만들어졌고, 월 순익은 +23만 원이 꾸준히 나오는 구조가 만들어졌다. 1호기를 합한 누적 결과는 다음과 같았다.

→ +1,426만 원 / (월 순익) +107,000원

1호기에서의 마이너스(-) 현금흐름을 2호기를 낙찰 받음으로써
플러스(+)로 전환시켰고, 보유 종잣돈 또한 조금이나마 더 늘릴 수
있었다. 중요한 사실은 현재까지 초보 투자자의 자본은 한 푼도 쓰
지 않았다는 것이었다.

셀프 인테리어의 득과 실

　셀프 인테리어가 각광을 받는 시대다. 스타 파워블로거, 유익한 정보를 교류할 수 있는 온라인 카페들, 관련 예능 방송까지 나올 정도로 셀프 인테리어가 인기를 끄는 요즘이다. 이런 트렌드가 부동산 투자에도 반영되어 최근에는 자신의 투자 물건을 스스로 셀프 수리하는 이들이 늘고 있다. 상대적으로 낡고 오래된 물건을 싼값에 매수한 뒤, 자신만의 노하우로 인테리어를 바꿔 물건의 가치를 올린 뒤 곧바로 매도하고 임대를 내놓는 식이다. 이렇게 투자자 스스로 물건의 가치를 올리는 행위는 매우 바람직한 것이라 할 수 있다.

　하지만 늘 명심해야 할 것이 있다. 부동산 투자에서의 셀프 인테리어는 내 집의 인테리어와는 엄연히 다르다. 내가 거주하는 집을 예쁘게 꾸미는 것과, 내 월세 로봇의 수익을 극대화하기 위해 하는 수리는 전혀 다른 일이라는 뜻이다. 내가 살고자 하는 집은 인테리어 과정에서 아무리 고생해도 모든 게 기쁨이자 뿌듯함으로 남지만, 투자용 물건은 그렇지 않다. 돈을 절약한답시고 주말을 반납한 채 각종 수리를 혼자서 하다 보면 '내가 무슨 부귀영화를 누리려고 이러고 있나?' 하는 생각에 자포자기하는 심정으로 치달을 수도 있다. 그래서 나는 월세 로봇을 만들어가는 이들에게 수리(인테리어) 관련하여 딱 3가지 조언을 드리고자 한다.

1. 수리를 하는 이유는 철저히 투자가치 상승(임대조건, 매도가 상승)을 위한 것이다. 그 이상도 이하도 아니다.

2. 전문가의 힘을 빌려라. 어설프게 셀프로 하려고 시도하지 말라.

3. 수리는 늘 최소화하라. 임대를 빨리 뺄 수 있는 정도, 주변 경쟁 물건보다 약간 나은 수준으로만 하라.

실투자금 최소화하면서
순익 극대화하기

월세 100만 원 만들기 프로젝트를 진행하며 크게 신경 썼던 부분 중 하나는 '지역 선정'이었다. 전국으로 범위를 넓히면 기회는 넘쳐나겠지만 현실적으로 그렇게까지 움직일 수는 없겠다는 결론을 내렸다. 또 초보 투자자가 지방 물건은 조금 꺼려하기도 했다. 무슨 일을 하든 꿈은 크게 꾸되 항상 현실적으로 단계를 밟아야 하는 법, 이번 경우에는 투자 대상을 수도권으로만 한정하기로 했다. 그중에서도 특히 부천, 인천, 광명, 시흥, 안산 일대를 집중적으로 알아봤다.

서울의 경우 물건 검색에서 아예 배제하지 않았지만 큰 기대를 하지는 않았다. 기본적으로 임대수익률만 보고 서울에 월세 로봇을 만들기에는 큰 메리트가 없기 때문이다. 무엇보다 실투자금 대비 수익률 면에서 만족스럽지가 못하다.

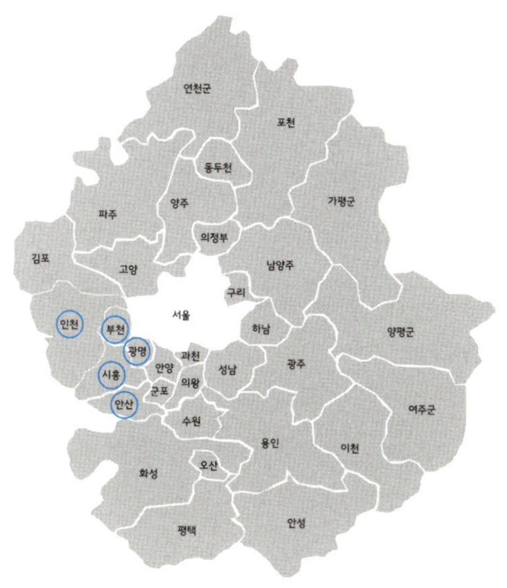

　이번 프로젝트는 추후 시세차익 가능성보다는 오로지 1년 동안의 '실투자금-순수익'에만 집중함으로써 '월세 100만 원의 현금흐름'을 만드는 것이 주목적이었다. 그래서 수도권 일대에서 비교적 저렴한 매물이 많이 나오는 인천을 중심으로 그 인접 지역까지 검색을 확대했다. 여기서 비교적 저렴한 물건이란 매매가 2억 이하의 물건을 말한다. 무조건 이쪽 지역에 투자하는 것이 좋다는 의미는 아니므로 주의하기 바란다. 단지 월세 100만 원 만들기 프로젝트를 진행하는 데 있어서는 상당히 유효한 지역이었다는 것이다.

　나는 월세 로봇 3호기에 적합한 곳을 찾기 위해 PC 앞에서 많은 시간을 보냈다. 매일 몇 분씩 꾸준히 물건을 검색하기보다는 특정 날을 전부 할애해 이 일에 매진했다. 그러다 보면 어느덧 시간의 흐름도 잊고 무아지경에 빠져 온라인상인데도 불구하고 마치 이미 그 물건지 앞에 가 있는 것 같은 느낌을 받기도 했다. 때에 따라서는 이미 점유자를 만난 듯한 기분이 들기도 했다. 낙찰 후 명도, 수리, 수익 실현까지의 모든 과정을 미리 상상해본 것이다. 고도의 몰입과 집중력이 발현되는 시간이었다.

그렇게 집중적으로 검색을 하고 적당한 물건을 몇 곳 골라 현장을 다녀오는 식의 과정을 반복했다. 틈나는 대로 계속해서 입찰을 시도했으나 계속해서 패찰했다. 고가의 낙찰을 받을 필요가 전혀 없었기에 저가의 입찰을 꾸준히 시도했고, 그러다 보니 당연히 패찰 횟수는 많을 수밖에 없었다. 그래도 절대 낙찰금액을 무리하게 설정하지는 않았다. 그러던 중 예기치 않은 곳에서 기회가 찾아왔다. 신축 물건에서 기회를 발견한 것이다.

경매 물건의 답사를 위해 부평 일대 현장을 부지런히 돌아다니던 어느 날 신축 분양 물건을 발견했다. 보통 나는 빌라나 오피스텔, 상가 등의 경우 절대 분양을 통해 투자하지 말자는 주의다. 분양은 오직 아파트 매입 때만 활용하는 것이 좋다고 생각한다. 반드시 그런 것은 아니지만 통상 신축 분양하는 빌라나 상가 등은 그 분양가가 맥시멈인 경우가 많기 때문이다. 보통 그로부터 3~5년간 점진적으로 시세가 내려가게 마련이다. 시간이 흐를수록 분양가의 거품이 빠지는 것이다. 하지만 이번에 발견한 신축 물건들은 충분히 메리트가 있었다.

무엇보다 레버리지 조건이 굉장히 좋았다. 공급이 일시적으로 몰리면서 분양업체들에서는 할인을 진행했고, 담보대출은 기존의 분양가를 기준으로 감정하여 나오고 있었기에 레버리지 비중이 상당

 평생 돈 걱정 없이 사는 월세 로봇 만들기

히 높았던 것이다. 즉, 은행담보대출과 임대보증금을 잘만 활용하면 단돈 몇 백만 원의 금액으로도 살 수 있는 물건들이 널려 있었다. 무피, 플러스피가 되는 구조도 적지 않았다. 애초에 월세 100만 원 프로젝트를 진행하면서 우선순위에 두었던 '실투자금 최소화하며 순익 극대화기'라는 취지에 매우 적합해 보였다.

단, 한 가지 염두에 두어야 하는 것이 있었다. 분양가 자체가 거품이 없는 것인지 냉정히 판단해야 했던 것이다. 단순히 담보대출과 임대보증금을 최대한 끌어당겨서 실투자금이 줄었다는 식으로 접근하면 '수익률의 함정'에 빠질 수도 있었다. 중요한 건 부동산 자체를 절대 비싸게 매입해서는 안 된다는 것이었다.

나는 인근 동일 평형의 3년 식, 5년 식 물건들의 매가를 전수 조사해보았다. 그 결과 상대적으로 분양가가 절대 비싸지 않다는 확신이 들었다. 그렇게 월세 로봇 3호기를 완성했다.

<월세 로봇 3호기 투자 내역>

매입가 (1)	1억 5,400만 원	보증금(4)	2,000만 원
매입경비 (2)	800만 원	월세	65만 원
총 매입액 (1)+(2)	1억 6,200만 원	월 이자	485,000원
대출금	1억 4,600만 원	월 순익	+ 165,000원
투자금 (3)	1,600만 원	연 순수익	-
실투자금 (3)-(4)	+ 400만 원	연 수익률	의미 없음

오피스텔 물건으로 취득세가 4.6%였기에 경비는 다소 많이 소요되었다. 하지만 애초에 1억 5,900만 원인 분양가에서 500만 원이

지원금으로 나옴으로써 1억 5,400만 원으로 매가를 낮출 수 있었다. 대출금(1억 4,600만 원)과 임대보증금(2,000만 원)을 레버리지로 활용하고 나니 실투자금은 전혀 들지 않았고, 오히려 모든 비용을 제하고도 400만 원가량이 추가로 만들어지는 플러스피 구조가 만들어졌다. 월 현금흐름은 +165,000원이 발생했다.

→ +1,826만 원 / (월 순익) +272,000원

월세 로봇 3호기가 만들어지면서 +272,000원의 현금흐름이 창출되었고, 플러스피 구조를 통해 약 +1,800만 원의 목돈을 만들어내게 되었다.

대한민국 지리공부는 필수!

대한민국(KOREA)

8개의 도
경기도, 강원도, 충청남도, 충청북도,
전라남도, 전라북도, 경상남도, 경상북도

1개 특별시
서울특별시

6개 광역시
인천광역시, 대전광역시, 대구광역시,
부산광역시, 울산광역시, 광주광역시

특별자치도, 특별자치시
제주특별자치도, 세종특별자치시

월세 로봇을 만들고자 한다면, 대한민국에서 부동산 투자를 하고자 한다면 국내 지리에 대한 기본 지식은 갖추고 있어야 한다. 디테일하게 파고들지 못하더라도 다음의 정보쯤은 머릿속에 항상 담아두고 부동산 투자에 임하길 바란다.

- 대한민국은 8개의 도로 이루어져 있다. (경기도, 강원도, 충청남도, 충청북도, 전라남도, 전라북도, 경상남도, 경상북도)

- 1개의 특별시가 있다. (서울특별시)

- 6개의 광역시가 있다. (인천광역시, 대전광역시, 대구광역시, 부산광역시, 울산광역시, 광주광역시)
- 1개의 특별자치도와 1개의 특별자치시가 있다. (제주특별자치도, 세종특별자치시)

더불어 수도권(서울, 경기, 인천)의 기본적인 입지도 알아두면 매우 도움이 될 것이다. 수도권은 대한민국 인구 5,000만의 절반 이상이 거주하고 있는 곳으로, 결국 우리가 죽는 그날까지 대한민국 부동산의 메인 투자처, 월세 로봇 사냥터의 핵심 지역일 수밖에 없기 때문이다.

<서울>

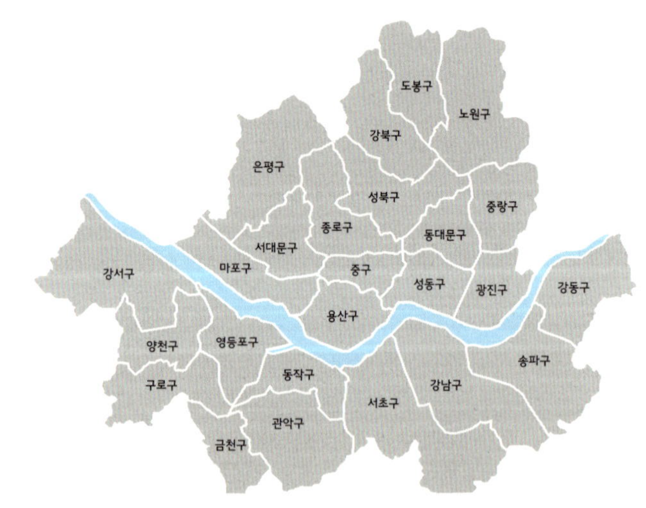

　서울은 25개의 구로 이루어져 있다. 가운데 한강을 중심으로 아래를 강남, 위를 강북이라 한다. 강남은 11개의 구, 강북 14개의 구로 이루어져 있다. 강남 3구라 하면 서초구, 강남구, 송파구까지를 일컫는다. 서울 지역에만 1,000만의 인구가 살고 있다.

<경기도>

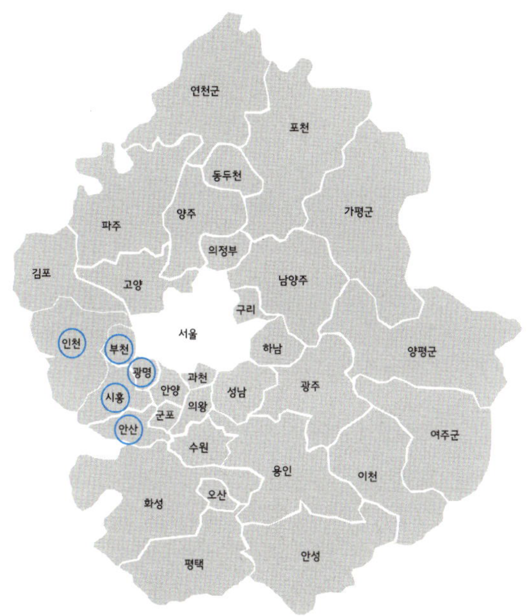

　인구 1,250만을 자랑하는 경기도는 28개의 시와 3군의 행정구역으로 이루어져 있다. 각 지역의 호재와 입주물량 인구(총원 및 증감 정도)까지 외울 수 있다면 좋지만, 당장 어렵다면 각 시와 군의 위치 정도라도 암기하면 도움이 될 것이다.

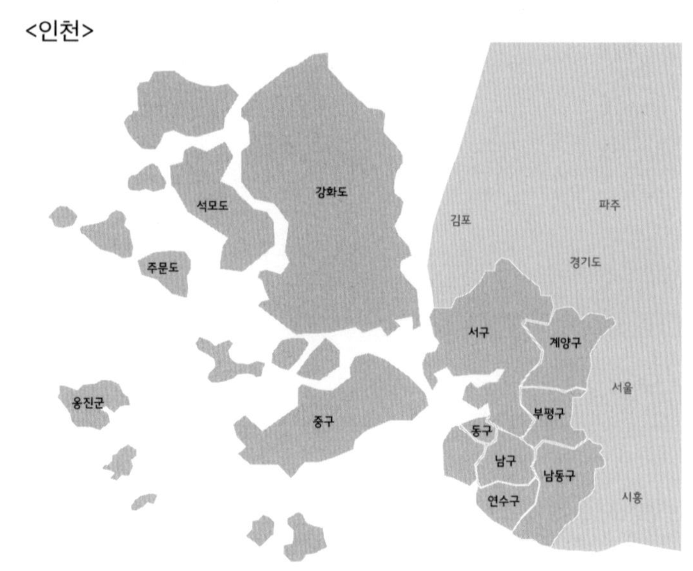

　수도권에서 월세 로봇을 만들 때 반드시 염두에 두어야 할 곳이 바로 인천이다. 소액으로 투자 가능한 경매 물건이 상당히 많이 나오기 때문이다. 인천 인구는 현재 300만을 돌파한 상태고, 꾸준히 증가하는 추세다. 행정구역은 8구와 2군으로 이루어져 있다. 부천시 쪽에 접해 있는 계양구와 부평구, 서쪽에 위치한 서구, 아래쪽으로는 남구, 남동구, 연수구 등 소액 물건이 상당히 많은 곳이므로 늘 관심을 두고 지켜보길 권한다.

　여기에 추가로 지리(입지) 관련해서는 입지 전문가이자 부동산 칼럼니스트인 '빠숑(김학렬)'님의 책 2권을 추천한다. 많은 도움이 될 것이다.

   1) 부자들만 알고 있는 수도권 알짜 부동산 답사기 (지혜로)
   2) 부자의 지도 (베리북)

   빠숑의 세상 답사기 블로그(http://blog.naver.com/ppassong)에도 입지 관련 유익한 글들이 자주 올라오므로 꾸준히 방문하며 지식을 쌓길 권한다.

월세 로봇 4, 5호기
투자 기회를 포착해 발 빠르게 움직이기

인천에서 내가 '부평'과 함께 새롭게 주목한 곳은 '주안'이었다. 주안역은 인천시 남구에 위치해 있는데, 당시 기존의 서울 지하철 1호선이 다녔고, 인천 지하철 2호선 개통을 앞두고 있었다. (환승이 되는 곳은 언제나 주목할 필요가 있다.) 인천 2호선 개통을 앞두고 말도 많았지만 나는 인천 시민들이 그 편리함을 결국 깨닫게 될 거라고 생각했다.

얼마만의 새로운 노선인가. 나는 지도를 펴놓고 인천 2호선이 뚫린 이후의 모습을 예상해보았다. 투자자는 미래를 상상할 줄 알아야 한다. 물론 망상이 아닌 현실에 기반을 둔 근거 있는 상상이어야 한다. 그러다 눈에 들어온 게 '주안역'이었다.

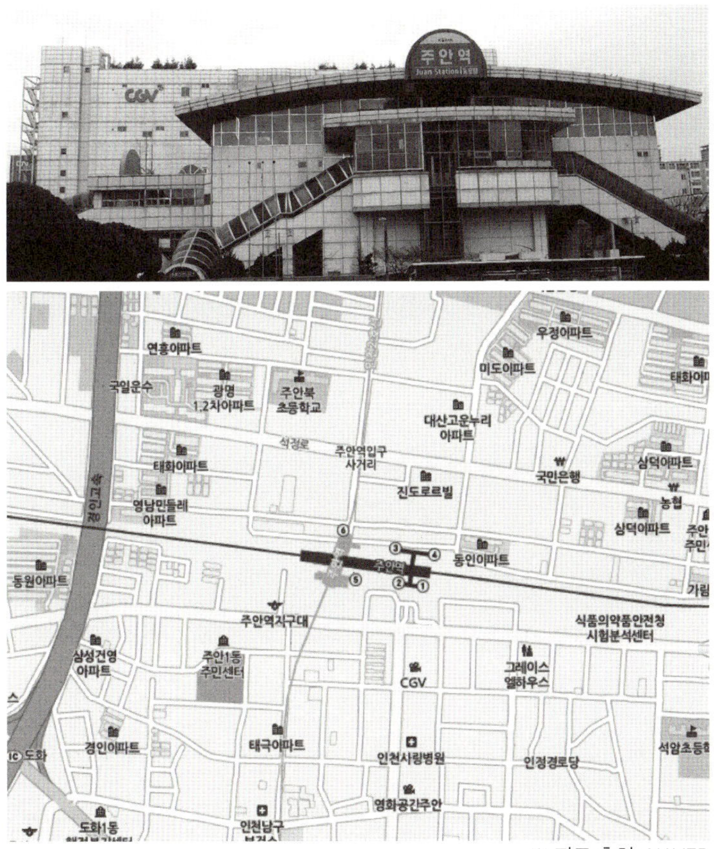

※ 지도 출처: NAVER

옛날부터 모든 길은 한양으로 통한다고 했다. 이는 21세기를 살아가는 현재도 마찬가지다. 모든 길은 서울로 통한다. 주안역은 애초에 서울 지하철 1호선이 지나가는 곳이었다. 그런데 서울로 환승 가능한 새로운 노선이 생긴다면 사람들은 어디로 몰리겠는가. 분명 재조명 받을 거라는 확신이 들었다. 그래서 늘 경매 물건을 검색할 때에도 주안역 근처를 좀 더 살펴보았다. 그러다 월세 로봇 3호기를 통해 신축에 대한 가능성을 발견했고 바로 이곳에도 적용했다. 그렇게 월세 로봇 4호기, 5호기도 완성되었다.

매매가가 월세 로봇 3호기보다는 1,000만 원가량 더 쌌다. 그런데도 월세는 비슷한 수준이었다. 이는 그만큼 임대수익률이 훌륭하다는 것을 말해주는 것이었다. 그런데 2~3층과 같은 저층의 경우에는 여기서 1,000만 원 이상이 더 싸면서 고층과 비교했을 때 월세 차이가 없었다. 물론 임대가 위에서부터 순차적으로 빠질 것이기에 제일 늦게 나가겠지만, 충분히 그 대기 수요는 넘쳐날 것이라고 판단했다. 월세를 5만 원 정도는 낮추는 것도 감안했다.

물론 모든 과정이 장밋빛 일색인 것은 아니었다. 앞으로 들어설 신축 물건들이 줄줄이 대기 중이었다. 대기 중인 공급 물량이 많은지, 들어올 수요가 많은지도 잘 판단해야 했다. 사실 투자의 본질이란, 감에 의존하던 초보자로 시작해, 수많은 경험과 공부가 쌓여 데이터와 근거에 의해 투자하다가, 결국은 다시 본인의 감으로 투자하는 경지로 가는 과정인지도 모른다(물론 여기에서의 '감'이란 초보자 시절의 그 '감'과는 차원 자체가 다르다).

나는 인터넷을 뒤져가며 최대한 많은 숫자를 보고 텍스트를 읽었다. 참고로 나는 군이 엑셀을 활용해 통계를 내는 스타일은 아니다. 통계에는 늘 오류가 있다고 생각하기 때문이다. 대신 누군가가 만들어놓은 데이터들을 최대한 수집한다. 그리고 이를 교집합 하는 작업들을 한다. 여기에 오랫동안 시장에서 연마해온 나의 통찰력과

  평생 돈 걱정 없이 사는 월세 로봇 만들기

감을 더해 투자를 결단한다.

최종적으로 '수요'가 '공급'보다 우위에 있다고 판단되었다. 그리고 무엇보다 분양가가 너무도 저렴했다. 아직 사람들은 2호선이 뚫리고 난 뒤의 모습에 관심이 없었다. 더 이상 고민할 게 없었다. 월세 로봇으로 적합하다 판단한 나는 수익률이 가장 높은 저층 물건으로 두 건을 매입했다.

<월세 로봇 4, 5호기 투자 내역>

매입가 (1)	1억 3,100만 원	보증금(4)	2,000만 원
매입경비 (2)	800만 원	월세	60만 원
총 매입액 (1)+(2)	13,900만 원	월 이자	-386,000원
대출금	11,600만 원	월 순익	+214,000원
투자금 (3)	2,300만 원	연 순수익	+2,568,000원
실투자금 (3)-(4)	-300만 원	연 수익률	85.6%

<월세 로봇 4, 5호기 세부 내역>

분양가	136,000,000원
대출	116,000,000원(MCG 사용)
취득세	8,000,000원
지원금	5,000,000원(취득세에서 지원)
임대	4호기 - 임대보증금 20,000,000원, 월세 600,000원 5호기 - 임대보증금 10,000,000원, 월세 700,000원
이자	386,000원(4%)
순이익	4호기 - 213,000원 5호기 - 313,000원
투자금	4호기 - 3,000,000원 5호기 - 13,000,000원
임대사업자 등록	각각 5,310,000원 감면(취득세의 85%), 합계 약 10,620,000원 감면

월세 로봇 4, 5호기는 각각 임대보증금 2,000만 원에 월세 60만 원, 임대보증금 1,000만 원에 월세 70만 원으로 임대를 놓았다. 월세 로봇 4호기에 300만 원이 들었고, 순익은 +21만 원이 넘게 나왔다. 월세 로봇 5호기에 실투자금액이 1,000만 원 더 들어간 대신 순익 또한 10만 원 더 올랐다. 5호기는 최종적으로 1,300만 원이 들었고, 순익은 +52만 원의 현금흐름이 발생했다. 그리고 이후 임대사업자 등록을 통해 취득세를 85%씩 감면받았다. 각각 약 +531만 원, 합계 약 +1,062만 원 정도를 추가로 남길 수 있었다. 즉, 실투자금으로 538만 원(1,600만 원 – 1,062만 원)이 소요된 셈이다.

<월세 로봇 4호기, 5호기 전경>

이후 인천 지하철 2호선이 완전히 개통되었고, 1년이 조금 안 지난 지금 비슷한 평수의 현재 분양가는 1억 5,000만 원을 상회한다. 고층의 경우 1억 6,000만 원을 상회하는 것도 있으니 저절로 시세차익을 누린 효과를 본 셈이다. 기회는 늘 그것을 미리 알아보는 안목을 갖고 발 빠르게 움직이는 자의 몫이다.

→ **+1,288만 원 / (월 순익) +792,000원**

5호기까지 완성하는 데 월 +792,000원의 현금흐름이 발생했고, +1,288만 원의 플러스피 구조가 만들어진 상황이었다.

주택임대사업자 등록,
꼭 해야 하나?

임대사업자 등록 여부에 대해 참 말들이 많다. 이게 맞는지 저게 맞는지 초보 투자자라면 굉장히 헷갈릴 것이다. 결론부터 얘기하면 이렇다.

"월세 로봇으로 부자가 되기로 했다면 결국은 하는 게 좋다."

주택임대사업자를 내면 세금 관련해서 각종 혜택을 받을 수 있기 때문에 이는 매우 큰 이점이다. 특히나 신축 분양 물건의 경우는 사이즈에 따라 다르지만, 전액 또는 일부 감면을 받을 수 있도록 적극 추천하는 편이다. 반대로 투자 초창기에 일반매매나 경매로 한두 개 낙찰 받는 수준에서는 굳이 내지 않아도 된다.

예상 보유기간에 따라서도 전략을 달리할 수 있는데, 주택임대사업자 등록을 하는 경우, 최소 4년은 들고 있어야 한다. 만약 그 안에 시세 차익을 기대하여 매도를 준비 중인 물건이라면 역시 임대사업자를 내지 않는 것이 좋다. 반대로 오랜 기간 꾸준히 현금흐름을 발생시킬 월세 로봇이라면 등록하는 것을 추천한다. 임대사업자로 등록한다고 해서 본인이 매입한 모든 물건을 임대사업장으로 등록해야 하는 것이 아니므로 선별적으로 고르면 된다.

꽤 큰 규모의 실거주 주택을 소유한 사람이 조그마한 월세 로봇을 한두 개 늘릴 때 양도세 관련해서 고민을 하는데, 이 경우 월세 로봇용으로 매입한 물건들을 모두 임대사업장으로 등록하면 기존 실거주 주택은 1가구 1주택으로 인정된다. 따라서 양도소득세 관련해서 비과세 혜택을 볼 수 있으니 크게 걱정하지 않아도 된다.

여하튼 월세 로봇을 늘려나가고 있는 사람이라면 꼭 당장은 아니어도 결국은 내는 게 좋다. 왜냐하면 당신은 월세로 부자를 꿈꾸는 자, 경제적 자유를 누리고자 하는 자이기 때문이다.

급매 재빨리 잡기

월세 로봇 6호기는 매우 순조롭게 진행되었다. 부평에 위치한 물건이었는데, 이미 3호기를 그곳에 투자했었기에 타당성 조사는 굳이 더 할 필요가 없었다. 친한 부동산 중개인의 소개를 받고 분양가와 대출조건을 확인한 후 바로 계약을 진행했다. '나만의 지역'을 만들어두면 이런 장점이 있다.

급매가 나왔을 때에는 재빨리 잡아야 한다. 조금이라도 시간을 끌거나 틈을 보이면 바로 다른 이에게 넘어간다. 그래서 급매가 나왔다는 소식을 들었다면 그때부터 조사를 시작해야 할 것이 아니라 가격만 듣고도 그것이 급매라는 걸 이미 알아채야 하는 것이다. 그리고 가계약을 바로 해야 한다. 만약 급매가 나왔다는 정보를 듣고, "알아보고 다시 연락드릴게요", "생각해볼게요"라는 식의 말을 한다면 그 사람은 급매를 잡을 자격이 없는 것이다.

그런 식으로 월세 로봇 6호기는 일사천리로 진행되었다.

<월세 로봇 6호기 투자 내역>

매입가 (1)	1억 5,000만 원	보증금(4)	2,000만 원
매입경비 (2)	800만 원	월세	65만 원
총 매입액 (1)+(2)	1억 5,000만 원(지원)	월 이자	403,000원
대출금	1억 2,100만 원	월 순익	246,000원
투자금 (3)	2,900만 원	연 순수익	+2,952,000원
실투자금 (3)-(4)	-900만 원	연 수익률	32.8%

<월세 로봇 6호기 세부 내역>

분양가	150,000,000원
대출	121,000,000원(보증보험 미사용)
취득세	8,000,000원
지원금	8,000,000원(취득세에서 지원)
임대	임대보증금 20,000,000원, 월세 650,000원
이자	403,000원(4%)
순이익	246,000원
투자금	9,000,000원
임대사업자 등록	5,860,000원 감면(취득세의 85%)

최종적으로 실투자금이 314만 원 들고, 월 현금흐름이 +246,000원이 발생하는 구조가 만들어졌다.

월세 로봇 1~6호기의 최종 결과는 다음과 같다.

월세 로봇 6호기까지 진행함으로써 1년이 안 되는 기간 동안 월 100만 원이 넘는 현금흐름을 만들었다. 실투자금은? 한 푼도 들지 않았다. 오히려 +974만 원, 약 +1,000만 원의 플러스피를 만들어냈다. 즉, 월 100만 원의 현금흐름은 물론이고 추가로 1,000만 원의 목돈까지 만들어낸 것이다. 월세 100만 원 만들기 프로젝트는 그렇게 성공적으로 마무리되었다. 시간은 1년도 채 걸리지 않았다.

<월세 로봇 6호기 전경>

월세로 +100만 원의 월수입을 추가로 만들어내는 것은 단순히 월급이 100만 원 오르는 것과는 차원이 다른 일이다. 왜? 내가 일하지 않고도, 나의 시간과 노동력을 팔지 않고도 돈이 들어오기 때문이다. 언제까지? 평생 동안! 이것이야말로 일하지 않고도 돈이 들어오는 구조이고, 대한민국을 살아가는 사람이라면 누구나 할 수 있는 방법이다. 한마디로 내가 그토록 강조하는 '경제적 자유'로 가는 시스템이다.

그렇다고 앞의 사례를 그대로 답습해서는 안 된다. 이것도 이제 '과거'의 일이 되었기 때문이다. 그 어떤 사례도 절대 그대로 답습하려 해서는 안 된다. 과거는 말 그대로 과거다. 세상 만물은 언제나 변화한다.

만약 앞으로 나에게 다시 1년의 시간이 주어진다면 월세 100만 원이 들어오는 시스템을 충분히 또 만들어낼 자신이 있다. 부동산 시장의 흐름이 변하고, 시장에 나오는 물건이 달라지고, 부동산 정책이 달라지겠지만, 언제나 틈새가 있고, 기회가 생기기 마련이기 때문이다. 그럼에도 부동산 투자 원칙과 본질은 변함이 없고, 그간 부동산 시장에서 투자자로 살아오며 쌓아온 노하우와 통찰, 투자자로서의 감 등은 늘 내 머릿속에 남아 있고, 내 몸이 기억하기 때문이다.

1년 안에 월세 100만 원 만들기 프로젝트를 마무리하며

이렇게 초보 투자자를 대상으로 1년 안에 월세 100만 원 만들기 프로젝트는 성공적으로 마무리되었다. 이는 내가 운영하는 카페 회원들에게 커다란 동기부여를 일으켰고, 많은 자극과 영감을 받은 분들이 하나둘 월세 100만 원을 만들어내기 시작하였다. 그 결과, 현재 우리 카페에는 매달 월세 100~200만 원을 받는 작은 월세 부자들로 가득하다. 그들 중 몇 분의 사례를 다음 페이지에 실어놓았다. 그들의 생생한 이야기를 통해 '나도 할 수 있겠구나!' 하는 자신감을 얻길 바란다.

1년 안에 월세 100만 원 만들기 프로젝트를 마무리하며 남길 몇 가지 핵심 팁은 다음과 같다.

1. 실투자금을 최소화하라. 돈을 많이 써서 월세 100만 원 만드는 게 무슨 의미가 있겠는가.

2. 한 가지 투자법에만 집착하지 마라. 신축(분양), 급매, 경매를 총동원하라.

3. 혼자서만 고생하지 말고, 유능한 부동산 중개인을 확보하라.

4. 빌라와 오피스텔 투자에 도사가 되라.

5. 길게 끌지 마라. 월세 100만 원은 1년 안에 만들어라.

무일푼에서 상가 월세를 받기까지

초보 투자자들은 이렇게 생각할지 모른다. '월세 로봇은 대학에서 부동산학을 전공하고, 올해로 부동산 투자 11년 차가 된 당신에게나 가능한 일'이라고. 대한민국의 보통 사람들은 절대 할 수 없는 것이라고. 아무나 할 수 없는 것이라고. 월세 로봇으로 성공하고 싶다면 이러한 편견에서 벗어나야 한다. 이제부터 평범한 사람들의 월세 로봇 성공 사례를 한번 낱낱이 살펴보자.

그를 처음 만난 건 2014년 9월, 첫 책《월급쟁이 부자는 없다》출간기념 강연회 때였다. 당시 맨 앞자리에 20대 초반의 대학생으로 보이는 그가 앉아 굉장히 열심히 필기를 하면서 내 이야기를 듣고 있었다(알고 보니 나보다 형이었지만). 그때만 해도 그는 종잣돈이 한 푼도 없었다. 그런데 강연회 이후 짧은 기간에 악착같이 집중적으로 종잣돈을 모았다. 뿐만 아니라 엄청난 독서량을 통해 부동산 투

자 관련 지식까지 축적해나갔다. 그렇게 해서 초보 투자자라면 상당히 두려움을 느끼는 상가 투자도 상당히 이른 시기에 성공시켰다. 별것 아니라 생각할 수 있지만, 사실 이는 정말 대단한 일이다.

그는 '실행가'였다. 나는 이 부분을 높이 샀다. 단순히 아는 것과 실행하는 것은 완전히 차원이 다른 일이다. 실행 없이 부동산 투자 관련 공부만 몇 년씩 하는 사람들도 있다. 공부를 위한 공부에만 목을 매는 것이다. 하지만 그는 달랐다. 그는 움직이는 자였고, 결과를 만들어내는 이였다. 엄청난 독서량을 보이면서도 결코 이론을 위한 이론에 머물지 않았다. 보통 초보 투자자들은 공부량이 쌓이면 쌓일수록 두려움 때문에 앞으로 나아가지 못하곤 하는데, 그는 그에 걸맞게 '실행'으로 옮기는 자세를 보였다. 애초에 무일푼에서 시작했으니 이 정도지 그전에 종잣돈만 더 갖고 있었더라도 그의 성장세는 엄청났을 것이다.

그가 짧은 기간 이루어낸 성과 몇 가지를 소개한다.

<1번 물건>

매입가 (1)	1억 5,400만 원	보증금 (4)	2,000만 원
매입경비 (2)	100만 원	월세	70만 원
총 매입액 (1)+(2)	1억 5,500만 원	월 이자	40만 원
대출금	1억 4,100만 원	월 순익	30만 원
투자금 (3)	1,400만 원	연 순수익	360만 원
실투자금 (3)-(4)	-600만 원 (플러스피 투자)	연 수익률	해당 없음

→ 1번 물건은 첫 투자였음에도 600만 원의 플러스피를 남겼고, 월 순수익 30만 원을 만들어냈다.

<2번 물건>

매입가 (1)	1억 8,000만 원	보증금 (4)	1억 7,500만 원
매입경비 (2)	100만 원	월세	-
총 매입액 (1)+(2)	1억 8,100만 원	월 이자	-
대출금	0	월 순익	-
투자금 (3)	600만 원	연 순수익	-
실투자금 (3)-(4)	600만 원	연 수익률	1년이 지난 현재 최소 1,000만 원 시세차익 발생

→ 빌라 전세를 통해 짧은 시간 안에 1,000만 원 이상의 시세차익을 거두었다. 실투자금 대비 100%가 넘는 수익률이다. 빌라는 전세 갭 투자로 추천하지 않지만, 그는 워낙 전세난이 심한 지역에 좋은 타이밍에 투자함으로써 짧은 시간 동안 훌륭한 수익률을 만들어냈다.

<3번 물건>

매입가 (1)	2억 500만 원	보증금 (4)	20,000만 원
매입경비 (2)	100만 원	월세	-
총 매입액 (1)+(2)	2억 600만 원	월 이자	-
대출금	0	월 순익	-

   평생 돈 걱정 없이 사는 월세 로봇 만들기

| 투자금 (3) | 600만 원 | 연 순수익 | - |
| 실투자금 (3)-(4) | 600만 원 | 연 수익률 | 1년이 지난 현재 최소 2,000만 원 시세차익 발생 |

→ 2번 물건 투자 때 확신을 얻은 그는 인접 지역 물건에 비슷한 방식으로 한 번 더 투자를 함으로써 짧은 기간 안에 2,000만 원이라는 시세차익을 거두었다. 금액 자체도 결코 적지 않지만, 더 의미 있는 것은 애초에 실투자금이 600만 원밖에 들지 않았다는 것이다.

<4번 물건>

매입가 (1)	2억 1,069만 원	보증금 (4)	1,000만 원
매입경비 (2)	1,374만 원	월세	120만 원
총 매입액 (1)+(2)	2억 2,443만 원	월 이자	59만 원
대출금	17,000만 원	월 순익	61만 원
투자금 (3)	5,133만 원	연 순수익	732만 원
실투자금 (3)-(4)	4,133만 원	연 수익률	17.7%

→ 이는 상가 투자 물건이었고, 동료와 공동으로 투자한 것이었다. 그의 첫 번째 상가 투자 물건이었다. 나는 부동산 투자를 시작하고서 지난 11년간 수많은 사람들을 만났는데, 경매 투자로 처음에 상가를 낙찰 받는 사람은 그가 처음이었다. 사실 나는 누가 처음부터 상가에 투자하겠다고 하면 말리는 편이다. 첫 건은 무조건 주거용으로 시작해야 한다는 생각이다. 하지만 그는 이때 이미 세 건

의 일반 매매를 경험해본 상태였고, 주변 투자자들의 낙찰 사례를 옆에서 지켜보며 충분히 간접경험을 한 상태였기에 상가 투자를 하기에도 손색이 없었다. 신건 입찰로 인해 투자 수익률이 그리 높지는 않지만, 대담한 용기와 치열한 현장분석이 빛을 발해 그가 투자자로서 한 차원 진화할 수 있는 계기가 되었다.

<5번 물건>

매입가 (1)	1억 1,000만 원	보증금 (4)	3,000만 원
매입경비 (2)	200만 원	월세	35만 원
총 매입액 (1)+(2)	1억 1,300만 원	월 이자	29만 원
대출금	9,100만 원	월 순익	6만 원
투자금 (3)	2,200만 원	연 순수익	72만 원
실투자금 (3)-(4)	-900만 원 (플러스피 투자)	연 수익률	해당 없음

→ 잘 아는 지역에서 '급매'를 통해 플러스피 투자를 성공시켰다. 월 순익은 +6만 원으로 거의 없는 것이나 다름없었지만 어찌 됐든 플러스 현금흐름을 발생시켰고, 플러스피로 900만 원의 목돈을 손에 쥐었다. 대한민국 보통의 직장인이 짧게는 몇 개월, 길게는 1년 가까운 시간을 투자해야 저축할 수 있는 돈이다. 그리고 아직 매도 전이지만, 급매를 통해 시세보다 싸게 물건을 구입함으로써 적지 않은 시세차익을 남기고 시작점을 찍은 것이었다.

이렇게 그는 2년여라는 짧은 기간 동안 인생에서 놀라운 변화를 만들어냈다. 월세 로봇이 없었다면 절대 불가능했을 일이다. 사례만 보면 모든 게 마법처럼 쉽게 이루어진 듯하지만 절대 그렇지 않다. 2년간 치열하게 공부하고, 먹고 싶은 것 안 먹고, 하고 싶은 것 안 하며 처절하게 저축한 시간이 있었기에 가능한 일이었다. 그는 무지출 프로젝트, 수도권 상가 임장 프로젝트, 독서 마라톤 프로젝트 등 소소하지만 위대한 프로젝트 등을 주기적으로 실행하며 자기만의 동기부여 장치를 만들고 있는데, 이런 것들이 결국 장기간 부동산 투자 시장에서 살아남을 수 있는 버팀목이 되어준다. 자칫 지루하고 재미없을 수 있는 부동산 투자 여정에서 그는 본인만의 재미를 붙여나가고 있는 것이다. 무일푼에서 시작해 2년이라는 짧은 기간 동안 이 정도의 성과를 낼 수 있는 이가 과연 얼마나 될까?

몇 건의 부동산 투자 경험으로 자신감을 얻은 그는 직종까지 바꾸어 부동산 업계에 본격적으로 뛰어들었다. 그리고 지금은 강남에 소재한 임대 전문 중개업소에서 열심히 활동하고 있다.

성공하는 부동산 투자자는 오늘의 할 일을 묵묵히 한다. 그리고 내일은 또 내일의 할 일을 묵묵히 한다. 그러다 보면 어느 순간 자산의 크기는 커져 있고, 종잣돈은 불어나 있다. 한 순간 드라마틱하게 변화가 찾아오는 것이 아니다. 서서히 자연스럽게 성장해나가는 것이다.

소소하지만 위대한 프로젝트들을 쉽게 달성하는 것을 보면 그가 잡기나 쓸데없는 술자리는 멀리한다는 것을 알 수 있다. 분명 장담하건대 그는 머지않아 반드시 경제적 자유를 쟁취할 것이다. 그의 출발지점에서 내가 '안내자'가 될 수 있었던 것, 그리고 그 여정을 눈앞에서 지켜볼 수 있었던 것을 영광으로 생각한다. 앞으로 그가 그려갈 멋진 미래를 응원한다.

평생 돈 걱정 없이 사는 **월세 로봇 만들기**

부동산 다섯 채에서 월세 받는 24세 청년

2009년, 첫 책《월급쟁이 부자는 없다》출간기념 강연회를 마치고 뒤풀이를 하는 자리에서 20대 초반의 한 친구를 만났다. 그 친구를 보는데 순간 과거의 내 모습과 오버랩되는 기분이 들었다. 내가 처음 부동산 투자를 시작하고 강연회나 커뮤니티 이곳저곳을 돌아다니던 게 바로 저 때였기 때문이다. "저도 꼭 젊은 부자가 될 거예요!"라고 이야기하는 그를 보며 어쩐지 짠하기도 했다. 갓 스물 넘은 친구가 부동산 투자, 경매 투자에 발을 들여 결과물까지 만들어낸다는 것이 결코 쉽지 않은 일임을 나는 경험상 알고 있었다.

그러다 몇 년 만에 그를 다시 만났다. 그는 당찬 패기와 함께 그간 모은 종잣돈을 자랑했다. 그는 병역특례로 산업체에 복무하며 악착같이 1,000여만 원을 모았다고 했다. 그리고 드디어 경매를 통해 부동산을 매입하는 데 성공했다. 23세에 월세 받는 인생을 시작한 것이다.

그의 이야기를 하다 보니 문득 나의 20대 시절이 생각난다. 나는 군대를 상당히 늦은 나이에 다녀왔다. '월세 시스템', '경제적 자유 시스템'을 만드는 일이 우선이었다. 내 소중한 '노동력(몸)'을 국가를 위해 써야 하는 2년의 시간을 어떻게든 소중히 활용하려고 애썼다. 그 시간조차 헛되이 보내고 싶지 않았다. 그래서 내 부동산들이 나를 대신해서 일하고 있도록 시스템을 완성하는 일에 계속해서 몰두했다. 결국 내 또래가 취업 걱정에 시달릴 때 노동력과 시간을 맞바꿔야만 벌 수 있는 돈이란 놈이 내가 일하지 않는 동안에도 들어올 수 있도록 시스템을 완성시켜놓고 나는 입대를 했다.

늦은 나이에 군대를 간다고 가까운 지인들은 걱정도 해주고, 반은 놀리기도 했었다. 하지만 이미 나는 그들의 월급보다 많은 월세가 내 통장으로 들어오는 시스템을 갖춘 뒤였다. 덕분에 군대에서는 조금 고생하기는 했지만 미래를 크게 걱정하지는 않았다. 이미 월세 로봇 시스템을 갖추어놓았고, 무엇보다 내 부동산들이 저절로 알아서 자라고 있었기 때문이다. 마치 집에 물을 틀어놓고 나갔다 2년 뒤 돌아왔더니 저절로 수영장이 만들어져 있는 느낌이었다.

그의 첫 투자 물건의 상세 내역을 보면 다음과 같다.

낙찰가	106,000,500원	보증금	20,000,000원
매입경비	2,460,000원	월세	550,000원
총 매입액	108,460,500원	월 이자	200,000원
대출금	77,000,000원	연 순익	350,000원
투자금	31,460,500원	연 순수익	4,200,000원
실투자금	11,460,500원	연 수익률	36.6%

1,000여만 원을 투자한 결과 월 순익이 35만 원가량 나오게 되었다. 훌륭한 성과라고 할 수 있었다. 쉽지는 않았지만 명도 또한 직접 처리해서 임대까지 성공적으로 마친 것이었다. 월 순익 35만 원도 크지만, 액수를 떠나 인생의 이른 시기에 월세를 받는 인생을 시작했다는 것이 굉장히 중요했다. 또래 친구들이 원룸 월세를 구하러 다닐 때 부동산 중개업소에서 임대인 대우를 받는다는 것은 결코 아무나 경험할 수 없는 것이기 때문이다. 그 묘한 자신감과 성취감이 앞으로 인생을 살아가는 데 있어 엄청난 힘이 되어줄 것이다.

이 친구는 여기서 그치지 않고 투자를 더 하고 싶어 했다. 한 건만으로는 그간의 갈증과 목마름이 해소되지는 않았던 것이다. 아직 병역특례가 1년여 더 남아 있기도 했다. 이 친구가 선택할 수 있는 길은 두 가지였다.

첫째, 지난 1년 여간 해왔던 것처럼 다시 종잣돈을 모으기 시작한다.

둘째, 부동산으로 종잣돈을 만들면서 투자해간다.

우선 첫 번째 방법은 정상적이고 평범한 방법이다. 그리고 이 땅을 살아가는 사람이라면 당연히 계속해서 해야 하는 작업이기도 하다. 경제인으로서 '(월)수입 − (월)지출 〉 0' 구조를 유지하지 않고 있는 사람이라면 이미 부자가 되기는 글렀다고 봐야 한다. 아니, 자격 자체가 없다.

종잣돈을 만드는 가장 확실한 방법이 한 가지 있다. 바로 '안 쓰는 것'이다. 종잣돈을 만드는 데 '꼼수'란 없다. 쓸데없는 지출을 통제하고, 줄줄 새는 돈을 틀어막아야 한다. 하고 싶은 것 다 하고, 먹고 싶은 것 다 먹으며 종잣돈을 모으는 건 불가능한 일이다. 이따금 한 번씩 본인을 위해 '이벤트성 지출'을 하며 투자에 재미를 붙여나가는 것도 좋다. 이것이 그나마 단기간에 종잣돈을 모을 수 있는 현실적인 방법이다.

여하튼 종잣돈 모으기는 계속되어야 한다. 하지만 이 친구가 이 과정만을 통한다면 다시 1년여의 세월을 보내야 했다. 물론 아직 충분히 젊기에, 아니 어쩌면 매우 젊기에 결코 나쁜 방법은 아니었다. 그렇게 모은 1,000여만 원으로 첫 번째 투자 물건과 비슷한 물건에 또 투자한다면 다시 또 매월 30여만 원의 현금흐름이 추가로 발생할 것이고, 그럼 월세로 받는 돈이 총 60여만 원이 된다. 똑같은 방법으로 다시 또 1년간 1,000여만 원의 종잣돈을 모아 세 번째 물건에 투자하면 매월 100만 원의 현금흐름을 만드는 것이다. 10년

 평생 돈 걱정 없이 사는 월세 로봇 만들기

이면 300만 원 정도의 월세가 만들어질 것이다. 즉, 10년 뒤 이 친구가 34세 무렵이 되었을 때 월세가 최소 300만 원 이상은 나올 것이라는 결론에 도달하게 된다. 이게 바로 '젊음'의 무서움이다.

대충 약식으로 계산해도 20년 뒤인 44세에는 월 현금흐름 600만 원, 30년 뒤인 55세에는 월 현금흐름 900만 원, 40년 뒤인 65세에는 월 현금흐름 1,200만 원이 발생하게 된다. 이는 우리에게 두 가지 '통찰'을 제시한다.

먼저 현금흐름을 만들 수 있는 투자를 하루빨리 시작해야 한다는 점이다. 세월은 돌이킬 수 없으며, 세월 자체가 투자에 있어서는 엄청난 '무기'다. 우리의 가장 젊은 때는 바로 '오늘'이다. 비교적 부동산 경기의 영향을 받지 않는 현금흐름을 만드는 투자는 늘 지금이 가장 최고의 타이밍이다.

다음으로 특별한 공부 없이, 이런저런 투자 서적을 읽지 않아도, 강의를 쫓아다니지 않아도 지금부터 매년 이런 식으로 '월 20~30만 원'의 현금흐름을 만들 수 있는 투자만 꾸준히 지속해도 노후를 전혀 걱정하지 않아도 된다는 것이다. 월 20~30만 원은 절대 우스운 금액이 아니다. 물론 이왕이면 나는 월 100~200만 원 정도의 현금흐름은 1~2년이라는 단기간에 만들어냈으면 한다. 사실 자산 포트폴리오를 현금흐름 부동산으로만 세팅하는 것도 옳지는 않지만 그래도 월 100~200만 원까지는 일단 만드는 것이 좋다.

이 친구가 할 수 있는 두 번째 방법은 부동산으로 '종잣돈'을 만들면서 투자해가는 것이었다. 꼭 월급을 아끼고 모아야만 종잣돈을 만들 수 있는 것은 아니다. 부동산을 매입하면서 종잣돈을 만드는 방법도 있다. 바로 플러스피(+) 투자를 통하면 된다.

24세의 이 젊은 친구는 경매 물건을 열심히 검색했다. 그리고 지속적으로 현장도 찾아다녔다. 플러스피 투자를 어떻게든 해보기 위해서 말이다. 그러다 결국 다음의 물건을 만나게 되었다. 분명 발빠른 행보였다.

분양가	151,000,000원	보증금	25,000,000원
매입 경비	1,320,000원 (취득세 환급)	월세	600,000원
총 매입액	152,320,000원	월 이자	430,000원
대출금	410,000,000원	월 순익	170,000원
투자금	12,320,000원	연 순수익	2,040,000원
실투자금	+12,680,000원	연 수익률	○○

결과적으로 그는 +17만 원의 현금흐름을 만들어냈다. 실투자금은? 플러스피 구조를 통해 한 푼도 들이지 않고 오히려 +1,260만 원을 만들어냈다. 단순히 +17만 원의 현금흐름을 만들어냈다는 것이 중요한 게 아니다. 정말 중요한 것은 한 건의 투자를 통해 '시간'을 샀다는 것이다. '1년'의 시간을 말이다. 1년여를 악착같이 아끼고 아껴야 겨우 만들 수 있는 종잣돈을 부동산 투자를 통해 만들어낸 것이다.

잔금 대출 후 월세가 아닌 전세를 통해 투자금을 큰 폭으로 늘렸고, 낙찰 후 '단타'를 진행함으로써 종잣돈을 추가적으로 늘렸다. 나는 사실 액수 자체를 떠나 이른 시기에 '매도'의 경험을 해보았다는 것을 높게 산다. 그리고 그는 최근에 '분양형 호텔'에까지 투자했다. 두려울 게 무엇이 있을까, 올해 나이 이제 겨우 24세인데… 이 친구에게 진짜 중요한 건 당장 '몇 십만 원의 월세'를 받는 것보다 '경험'이라고 생각한다.

조금을 자극을 받으라고 일부러 나이 어린 친구의 사례를 소개했지만, 사실 진짜 하고 싶은 말은 이런 것이다.

당신은 당신의 속도대로 가면 된다.
중요한 건 올바른 투자 방향성이다.'

많은 부동산 투자자들이 올바르게, 현명하게, 뚜벅뚜벅 걸어가고 종국에는 경제적 자유까지 누리는 인생을 살길 응원한다.

돈 한 푼 안 들이고
월세 100만 원 만든 열혈 워킹맘

그녀는 엄마인 동시에 착한 마음가짐으로 일하는 사회복지사이고, 자영업을 하는 남편의 일까지 돕는 알파우먼이다. 가끔씩 연락을 해보면 그녀는 늘 투자 현장에 있었다. 발품은 배신하지 않는다고, 그만큼 성과 또한 매우 훌륭했다. 그녀는 내 주변에서 가장 단기간 내에 '월세 100만 원'을 만들어낸 사람이다. 그 과정에서 돈 한 푼 들지 않았다. 그녀는 부지런히 뛰어다니고 움직임으로써 진짜 '행운'을 만들어낸 용기 있는 사람이다.

그녀의 투자 사례에서는 대출 상품 부분을 좀 더 집중해서 살펴보도록 하자. 네 건의 투자는 모두 2016년 봄에서 겨울까지의 기간 중 이루어졌다.

<h3 align="center"><1번 물건 대출 상품></h3>

은행	금리 (변동금리)	거치	중도상환 수수료	요청사항
농협중앙회 (MCG 사용)	3.6%	5년 거치 일시상환 (10년까지 연장 가능)	1.4% (차감 방식)	신용카드 3개월 100만 원 사용, 자동이체 5건, 급여이체 매월 50만 원(급여 찍히게), 화재보험 가입(3년, 8만 원)

<h3 align="center"><2번 물건 대출 상품></h3>

은행	금리 (변동금리)	거치	중도상환 수수료	요청사항
농협중앙회 (MCG 사용)	3.5%	3년 거치 (연장 가능)	2% (차감 방식)	출자금 통장 개설(5,000원 입금), 조합원 가입(50,000원) - 탈퇴 시 되찾을 수 있음

<h3 align="center"><3번 물건 대출 상품></h3>

은행	금리 (변동금리)	거치	중도상환 수수료	요청사항
농협중앙회 (MCG 사용)	3.6%	5년 거치 일시상환 (10년까지 연장 가능)	1.4% (차감 방식)	신용카드 3개월 100만 원 사용, 자동이체 5건, 급여이체 매월 50만 원(급여 찍히게), 화재보험 가입(3년, 8만 원)

<h3 align="center"><4번 물건 대출 상품></h3>

은행	금리 (변동금리)	거치	중도상환 수수료	요청사항
농협중앙회 (MCG 사용)	3.5%	3년 거치 (연장 가능)	2% (차감 방식)	출자금 통장 개설(5,000원 입금), 조합원 가입(50,000원) - 탈퇴 시 되찾을 수 있음

주로 새마을금고와 농협중앙회 등을 활용했고, 금리는 대부분 3.5~3.6% 사이를 왔다갔다 했다. 3년 거치 또는 5년 거치의 상품으로 중도상환 수수료가 1~2% 정도로 설정되어 있으나 단기매매 목적의 물건이 아니기에 큰 의미는 없었다. 신용카드 사용, 자동이체, 화재보험이나 조합원 가입 등의 부대조건 등이 있었음을 알 수 있다. 소형 월세 로봇을 만드는 데 있어서 대출 상품의 조건이 어느 정도인지 이 사례를 통해 감을 잡으면 된다. 대부분 이 정도 선에서 이루어진다고 보면 된다.

대출과 관련해서 부동산 투자자에게 가장 중요하게 와 닿는 것은 결국 '금액'이다. '금리'는 그다음 문제다. 아무래도 소액 투자자가 절대 다수를 차지하기에 그만큼 금액을 최대한 많이 받아내는 것이 핵심이다. 금리는 무한정 낮은 것보다는 적정 수준 이내가 적합하다. 대출 금액이 많으면서 금리까지 현저히 낮기는 현실적으로 불가능하기 때문이다.

또 하나 절대 간과해서는 안 될 것이 '거치 기간'이다. 월세 로봇의 본질은 레버리지의 활용을 통한 임대 수익의 극대화다. 원금은 그대로 두고 매달 받는 월세에서 이자를 차감해서 수익을 발생시키는 것이다. 그런데 만약 시작 시점부터 원금까지 같이 갚기 시작한다면 월세 순익이 터무니없이 낮거나 오히려 마이너스 현금흐름이 발생할 수도 있다. 애초에 큰 시세차익을 기대하지 않고 매달 발생하는 현금흐름을 보고 투자한 것인데, 현금흐름이 보잘것없다면 이는 치명적인 손실을 낳게 된다. 따라서 거치를 길게 가져가는

    평생 돈 걱정 없이 사는 월세 로봇 만들기

상품을 택해야 한다. 금리가 낮다고 해서 1년짜리 대출 상품을 덥석 잡아서는 절대 안 된다. 1년이라는 시간은 눈 깜짝할 새 지나가 버리는, 매우 짧은 시간이기 때문이다. 거치 기간은 추후 매도 타이밍을 잡는 데 있어서도 상당 부분 영향을 끼치므로 대출 실행 시 늘 확인하고 또 확인하는 습관을 들이도록 하자.

<무피 월세 만들기>

목표 금액	2,000,000원			
매입 부동산	플러스피	실투자금	월세 수입	남은 자금
월세 로봇 1호기	6,940,000원	-	280,000원	7,000,000원
월세 로봇 2호기	6,980,000원	-	260,000원	13,980,000원
월세 로봇 3호기	-	6,900,000원	245,000원	7,080,000원
월세 로봇 4호기	-	6,000,000원	250,000원	1,080,000원
합계	13,920,000원	12,900,000원	1,035,000원	1,020,000원
목표 달성률	52%			

그녀는 네 건의 부동산 투자를 통해 '월세 100만 원' 만들기를 달성했다. 돈은 한 푼도 들지 않았고, 오히려 +1,390여만 원의 플러스피 구조를 만들어냈다. 기본 메커니즘은 내가 진행했던 '1년 안에 월세 100만 원 만들기 프로젝트'나 앞서 소개한 두 사례와 유사하다. 모두 치열한 발품이 있었기에 가능했던 일이다.

이후 그녀는 월세 로봇에만 머물지 않고 지방 아파트의 소액 갭투자까지 한 건 진행했다. 이는 소액 투자자들에게 내가 굉장히 추천하는 로드맵이다. 그녀는 매매가와 전세가의 갭을 불과 900만 원으로 진행했는데, 사실 이 돈은 앞서 월세 로봇 네 건을 완성함으로써 발생한 플러스피 종잣돈을 활용한 것이었다. 결과적으로 모든 부동산을 돈 한 푼 들이지 않고 매입한 것이다.

<강원도 소재 24평 아파트 갭 투자>

매매가	1억 45,000,000원
전세가	1억 40,000,000원
부동산 수수료(매매+전세)	1,000,000원
도배 및 장판	1,000,000원
등기 비용	2,000,000원
실투자금	9,000,000원

지금도 그녀는 수시로 내게 자문을 구해온다. 이미 본인 스스로 충분히 분석하고 파악할 줄 아는 눈을 가졌으면서도 혹시나 놓치는 게 있을까 싶어 내게 최종적으로 한 번 더 확인을 받는 것이다. '내가 지금 이 시점에 초보자로 다시 돌아간다면?'이라고 생각했을 때 가장 모범적인 답안을 보여주는 게 바로 그녀의 투자 방식이다. 그녀는 투자의 로드맵 측면에서나 멘토와의 인연 쌓기, 그리고 내가 초보 투자자 시절 놓쳤던 투자 동료 만들기 등의 측면에서 매우 뛰어나다.

그녀의 목표는 딸이 여덟 살이 되기 전까지, 즉 초등학교에 들어가기 전까지 '월세 200만 원'을 만드는 것이다. 이후에도 꾸준히 월

  평생 돈 걱정 없이 사는 월세 로봇 만들기

세 액수를 늘려 하루에 열두 시간을 일터에서 보내는 남편을 자유롭게 해주고자 하는 멋진 계획을 갖고 있다. 불과 1년 전만 하더라도 그녀의 지인들은 그녀의 꿈을 비웃었을 것이다. 믿지 않았을 것이다. 하지만 그녀는 1년 만에 전혀 다른 인생을 살기 시작했다. 불과 1년 만에. 나는 기필코 그녀가 머지않아 월세 200만 원을 만들어 낼 것이라 확신한다.

지금까지 소개한 성공 사례들을 보면서 단지 그들이 특별하기 때문에 가능한 일이었다고 생각하는가. 단순히 운이 좋았다고 생각하는가. 그렇지 않다. 당신도 할 수 있다. 중요한 건 생각을 조금만 바꿔 먹고 마음의 편견을 버리는 것이다. 월급에만 의존해서 하루하루 살아가는 삶에서 부동산으로 월세를 차곡차곡 쌓아가는 삶의 태도를 가지기만 하면 된다. 당신도 할 수 있다.

부동산 현장답사
포인트 3가지

부동산 투자 시 현장답사 포인트는 크게 세 가지로 요약할 수 있다.

첫째, 함께 가야 한다. 나는 예전에 지방 임장(현장답사)을 혼자서 참 많이도 다녔다. 그 외롭고도 두려운 과정은 겪어보지 않은 사람은 이해할 수 없는 성격의 것이다. 지금 생각해보면 그 시절, 왜 그리도 독하게 혼자서만 다녔는지 모르겠다. 물론 그 시간들이 지금의 나를 만들어준 큰 원동력이 되었겠지만 아쉬움이 남는 것도 사실이다. 그때로 다시 돌아간다면 뜻이 맞는 동료들과 좀 더 즐겁게 다니고 싶다. 그런 추억을 공유할 수 있는 투자 동료가 없다는 것이 못내 아쉽다.

같이 답사를 떠나면 혹시 내가 놓칠 수 있는 부분들을 동료가 체크해줄 수도 있다. 그리고 서로 다른 시야와 안목들을 공유할 수도 있다. 그 결과 실수를 예방할 수도 있다. 주변에서 마음 맞는 동료를 찾아보라. 그리고 함께 현장으로 가라!

둘째, 준비하고 가야 한다. 무작정 현장으로 가는 것만이 능사는 아니다. 나는 종종 농담 삼아 이런 말을 한다.

"아파트는 집에서 투자하는 것이고, 상가는 놀면서 투자하는 것이고, 빌라는 개고생하면서 투자하는 것이다."

하지만 그 어떤 종류든 간에 온라인 임장(분석)의 중요성을 빼놓을 수는 없다. 초보 투자자일수록 막상 (경매)물건지 앞에 도착하면 뭘 어떻게 해야 할지 몰라 당황하는 모습을 많이 볼 수 있다. 이는 그만큼 사전에 온라인 임장이 제대로 되어 있지 않다는 뜻이다.

임장에는 기본적인 체계와 패턴이 있기 마련이지만, 그렇다고 해서 모든 물건과 사건에 천편일률적으로 적용할 수 있는 것은 절대 아니다. 각 물건별로 무게 중심을 두고 면밀히 조사해야 할 포인트가 있는 법이다. 무슨 수를 써서라도 내부를 반드시 보고 와야 하는 물건도 있고, 괜히 어설프게 초인종 눌러가며 떨 필요가 없는 물건도 있다. 오히려 절대 점유자에게 내 존재를 들켜서는 안 되는 물건도 있다. 그 세세한 방식은 사전에 온라인에서 얼마나 꼼꼼히 사전 임장을 했느냐가 결정한다.

늘 기억하라. 충분히 준비해 가지 않으면 임장은 시간 낭비, 돈 낭비, 에너지 낭비일 수 있다.

셋째, 복기해야 한다. 비록 내가 투자를 고민하다 접은 물건이라도 현장답사 했던 곳을 다시 들여다봐야 하는 것이다. 반드시 내가 돈을 투자한 물건만 현장답사를 하는 것만이 공부가 되는 것은 아니다.

경매에 처음 나왔을 때부터 눈여겨보던 상가가 있었다. 임대 자체로는 내가 원하는 기준에 맞지 않아 큰 매력을 못 느꼈고, 운영하는 매장의 2호점을 내면 어떨까 생각했다. 한 회차, 한 회차, 가격이 떨어질 때마다 더 진지하게 접근했던 것 같다.

근처에 갈 때마다 한 번씩 들렀고, 근처에서 조깅을 하기도 했고, 지인과 함께 직접 방문하며 맥주 한잔을 하기도 했었다. 하지만 나는 최종적으로 극복할 수 없는 유동인구의 벽을 깰 수 없겠다고 판단했다. 결국 그 물건은 다른 새로운 주인을 맞이했는데 나는 앞으로도 낙찰 받은 사람이 어떤 임차인을 들이는지, 공실로 고생하지는 않을지, 예상치 못한 놀라운 변화를 보여줄지 꾸준히 확인해볼 생각이다.

이처럼 내가 조사했던 물건의 과거, 현재 미래를 계속해서 함께하자. 끊임없이 복기하면서 내가 놓쳤던 부분은 없는지, 당시의 내 판단은 옳았는지 자체 검증을 하는 자세가 필요하다. 이것이야말로 진정 살아 있는 투자 공부다.

지금까지 부동산 현장답사 관련 노하우를 세 가지 소개했는데 마지막으로 하나 더 추가하자면 다음과 같다.

'현장답사를 일상화할 것!'

답사는 꼭 마음먹고 멀리 떠나야만 할 수 있는 것이 아니다. 내가 거닐고 돌아다니는 그 자체가 곧 임장이다. 늘 주변을 관찰하면서 변화를 온몸으로 느끼기 바란다. 답은 그리 멀리 있지 않다.

미래의 월세 로봇 소유자인 당신을 위한 15가지 조언

1.

개수가 많다고 좋은 게 아니다.

집 개수 자랑 말자. 부러워하지도 마라.

어설픈 놈 10개보다 똘똘한 놈 1개가 낫다.

2.

수익률에 집착하고 있다면 당신은 초보다.

수익률은 사실 아무것도 아니기 때문이다.

중요한 건 순수익이라는 사실을 기억하라.

3.

그런데 그보다 더 중요한 것은 공실이 안 나는 것이다.

4.

당신이 생각하는 것 이상으로 상가 투자는 위험하다.

상가에 대해 알면 알수록 상가 투자를 더 못하게 된다.

그래도 상가는 훌륭한 상품이다.

각종 인터넷 후기와 경험담에 속지 말고,
지극히 정상적인 상가에 투자하라.

5.

당신이 생각하는 것보다 시간은 빨리 간다.
웬만하면 임대차 계약은 2년 이상, 대출은 3년 이상으로 받아라.

6.

임차인들의 엉덩이는 생각보다 가볍다.
그러려니 하는 게 정신건강에 좋다.

7.

월세를 모아서 부자가 되는 게 아니다.
월세는 시세차익이 발생하는 그날까지
나를 버틸 수 있게 해주는 장치인 것이다.

8.

임대사업이 결코 쉽지는 않지만,
수시로 통장에 돈이 꽂히는 즐거움은 상상 그 이상이다.

9.

처음에는 대출과 임대보증금을 꽉꽉 채워 세팅해나가라.
그리고 점차 그 비율을 줄여가라.
임대보증금 비율을 줄이는 그 순간,
당신은 비로소 진정한 '경제적 자유'를 얻은 것이다.

10.

너무 더딘 것 같아 조급한가?

2~3년만 참고 노력하여 시스템을 구축한다면,

"이번 인생은 이만하면 됐다." 하는 생각이 들 것이다.

우직하게 월세 로봇을 심어나가라.

11.

부동산 투자에 있어 고수는 돈을 많이 번 사람이다.

당신은 주변 지식으로만 가득찬 전문가에게 배우고 있는가,

아니면 진짜 부자가 된 사람에게 배우고 있는가.

12.

신용은 당신이 생각하는 것 이상으로 중요하다.

결코 은행 이자를 밀리지 마라. 단 한 차례도 안 된다.

13.

월세 로봇 투자는 사냥과 농사가 합쳐진 일이다.

당신은 때로는 사냥꾼이, 때로는 농사꾼이 되어야 한다.

14.

나쁜 집주인이 되지 마라.

그렇다고 우스운 집주인이 되지도 마라.

15.

가장 사랑스러운 월세 로봇은 전화 오지 않는 월세 로봇이다.

이기심을
넘어서는 이타심,
'월세 받게 해주는 남자'의
이야기

자본주의는 인간의 이기심과 욕망을 그 원동력으로 삼아 돌아갑니다. 눈 뜨고도 코 베어가는 요즘 같은 세상에 '이타심을 갖고 살라'는 말은 선뜻 공감하기 힘든 것이 현실입니다. 그렇기에 '이타'가 시사하는 의미는 남다를 수밖에 없습니다.

지난 20대는 오로지 나 자신의 이익에 충실하며 살아왔는지도 모릅니다. 가장 가깝고 소중하다는 가족조차도 스스로 만족할 만큼 돌보거나 챙기지 못했습니다. 세상에서 홀로 우뚝 서기에도 결코 만만치 않은 시기였기 때문입니다. 하지만, 스스로의 앞가림은 물론 가족에게까지 경제적으로 적지 않은 힘을 줄 수 있게 된 지금, 더 나아가 많은 분들에게 제가 겪어온 길을 어느 정도는 안내할 수 있는 위치가 된 지금, 저는 새로운 꿈을 꿉니다.

‘이기(利己)’가 만연하는 세상에서 감히 ‘이타(利他)’하는 인생을 살겠다는 말을 꺼내봅니다. 어쩌면 건방지고 무책임한 얘기처럼 들릴지도 모르겠습니다. 하지만 이는 제가 그동안 늘 고민하던 부분이며, 심도 있는 고민을 통해 최종적으로 결정을 내린 부분입니다.

‘이기’하지 않고 ‘이타’하는 인생을 살려 합니다. 다만 이는 무조건적인 희생을 의미하는 것이 아닙니다. 그렇게 ‘이타’함으로써 궁극적으로는 다시 ‘이기’를 추구하는 것입니다. 더 큰 의미에서의 ‘이기’이자 한 차원 높은 수준에서의 ‘이기’인 셈입니다.

남이 잘되게 만들고자 합니다. 좀 더 정확히 말하자면 제 주변 사람들이 잘 되게끔 도우려 합니다. 그들이 돈을 많이 벌어 부자가 될 수 있도록 힘을 보태고자 합니다. 제 주위에 머무는 사람들이 저로 인해 나날이 윤택한 삶을 살게 하려 합니다. 그래서 결국에는 저 또한 더 잘되는 인생을 사는 것이 저의 목표입니다.

자본주의 시장이 가진 것을 나누는 ‘제로섬’ 게임이라든지, 끊임없이 부가가치를 생산하는 ‘플러스섬’ 게임이냐는 논쟁은 더 이상 중요치 않습니다. 이에 대한 정확한 답은 아직도 내릴 수가 없습니다. 저는 그저 제 주변에 있는 사람들이 보다 잘살 수 있도록 도울 것입니다. 그러면서 저 역시 부자가 될 것입니다. 기왕이면 돈을 많이 지닌 부자보다는 사람을 많이 지닌 ‘사람부자’가 되는 것이 더 좋겠지요.

작년(2016)에 초보 투자자 한 명을 대상으로 '월세 100만 원(순익) 만들기' 프로젝트를 진행했습니다. 프로젝트는 성공적으로 끝이 났고, 이 책은 그 내용을 기반으로 쓴 것입니다. 이 책을 읽은 독자 여러분이 조금의 정성과 노력만 있다면 적은 돈으로도 충분히 월세 받는 삶을 살 수 있다는 사실을 깨닫고, "나도 할 수 있어!"라는 자신감을 얻기를 바랍니다.

그리고 저는 지금, 보다 더 크고 가치 있는 도전을 꿈꾸고 있습니다. 바로 〈월세 100만 원 받는 작은 부자 10명 만들기 프로젝트〉입니다. 이는 2017년의 시작과 함께 이미 시작했으며 프로젝트는 현재까지 순항 중입니다. 어쩌면 다음번에는 이에 대한 구체적인 스토리를 들려드릴 수 있는 날이 올지도 모르겠습니다.

혼자서만 부자가 되는 것은 의미가 없습니다. 지난 10년간의 투자 라이프 가운데 가장 아쉬운 것 중 하나는, 그 치열했던 과정을 함께 추억할 수 있는 동료가 없다는 점입니다. 앞으로의 10년 여정만큼은 제 주변의 많은 분들을 월세 부자로 만들어주면서 동행하려 합니다.

책의 편집상 못다한 이야기, 그리고 앞으로 펼쳐질 더욱 흥미로운 이야기들은 네이버 카페 〈젊은부자마을〉 http://cafe.naver.com/yubitown 에서 계속하는 것으로 하겠습니다.

월급은 소중한 것입니다. 다만 내 시간과 노동력을 팔아서만 돈을 벌 수 있는 소득구조를 지닌 사람에게 '경제적 자유'란 평생의 요원한 길입니다. 내 인생의 든든한 동반자 '월세 로봇'을 앞으로 차근차근 만들어 가시면 좋겠습니다. 당신의 '경제적 자유'를 응원합니다.